Theodor Ilgen

Conrad von Montferrat

1. Teil

Theodor Ilgen

Conrad von Montferrat
1. Teil

ISBN/EAN: 9783744619011

Hergestellt in Europa, USA, Kanada, Australien, Japan

Cover: Foto ©ninafisch / pixelio.de

Weitere Bücher finden Sie auf **www.hansebooks.com**

Einleitung.

§ 1.

Bereits im Jahre 1873 hatte Nöldeke zwei Gedichte über die Eroberung Jerusalems aus Cod. 619, Mss. Orr. der Berliner Handschriftensammlung in der Zeitschrift der morgenländischen Gesellschaft (Band 27, S. 489—510) mit einer wörtlichen Übersetzung herausgegeben. Er empfiehlt bei dieser Gelegenheit die Herausgabe ausgewählter Gedichte aus der genannten Handschrift. Namentlich hebt er die Lieder hervor, die sich auf den heil. Georg und Hormizd beziehen und auf eine sehr alte Legende zurückgehen. Diesem Winke folgend, wählte ich aus dieser reichhaltigen Sammlung sieben Gedichte.

Das erste und umfangreichste dieser Lieder bildet eine Art Sündenbekenntnis, die anderen sechs stellen das Martyrium des heil. Georg dar.

Ersteres verdient wegen der reinen syrischen Sprache und des poetischen Schwunges, sowie wegen des selten vorkommenden Versmasses besondere Beachtung. Wenn auch die Bilder dem alten, zum Teile dem neuen Testamente entnommen sind, so kann man dennoch dem Verfasser dieses Gedichtes in der Art der Verarbeitung des entlehnten Stoffes poetische Begabung nicht absprechen. Dasselbe ist mit einer innigen religiösen Empfindung, mit einer Frische und Lebendigkeit, mit einer Phantasie geschrieben, dass man es den anderen wertvollen Dichtungen der syrischen Literatur anreihen darf. Eines dieser Gedichte, die sich auf den heil. Georg beziehen, hat Bedjan in seinem Breviarum chaldaicum Tom. II aufgenommen; doch liegt seinem Texte eine andere Handschrift zu Grunde; denn die vorliegende weist bedeutende Varianten auf. Aber auch ohne Rücksicht darauf liesse sich nicht eines dieser Gedichte weglassen, da dieselben ein abgeschlossenes Ganze bilden; jedes folgende kann als Fortsetzung und Erweiterung des vorhergehenden betrachtet werden. So bietet das erste Gedicht nur eine allgemeine Darstellung der Situation, ohne auf die einzelnen Thatsachen näher einzugehen und man könnte es gleichsam als Einleitung des Ganzen betrachten. Die folgenden vier Gedichte, in welchen das Martyrium des Georg, seine Wunderthaten, seine Auferstehung nach dem Tode und seine endgiltige Enthauptung mit besonderer Umständlichkeit geschildert werden, können als der eigentliche Inhalt angesehen werden.

Endlich gewährt das sechste Gedicht, gleichsam als Schluss, in einer kurzen Wiederholung einen Überblick über das Ganze.

Und wenn auch daraus noch nicht geschlossen werden darf, dass alle sechs Lieder von einem Verfasser herrühren, so muss dennoch angenommen werden, dass in der Wahl der Reihenfolge der einzelnen Gedichte eine Absicht des Sammlers vorhanden war.

§ 2.

Die Literatur über den heiligen Georg ist im Laufe der vielen Jahrhunderte ausserordentlich angewachsen. Aber in demselben Masse, wie die Literatur zunahm, mehrten sich auch die Ansichten über sein Leben und Wirken. Auf der einen Seite wurde er als Heiliger gefeiert und verehrt, auf der anderen wurde sogar seine Existenz bezweifelt.[1] Wenn auch letztere Meinung nicht zutreffend sein dürfte, so gab es sicher Zeiten, wo man an der Berechtigung seiner Verehrung Anstoss nahm. Papst Gelasius hatte bereits im Jahre 494

---

[1] Vergl. Johan Christ. Collers nützliche Anmerkungen zweite Sammlung Leipzig 1735.

nebst den Acten über einen gewissen Quiricus und eine ge-
wisse Julitta auch die des heiligen Georg auf einer Kirchen-
versammlung zu Rom für unecht erklärt und seine Passio
gleich den ersteren verworfen, weil die Acten von Häretikern
verfasst worden seien.[1) .]

Papebroch fand zwar nichts Häretisches in seinen auf-
gefundenen Apokryphenacten, aber viel Unglaubliches und
dies allein wäre nach ihm Grund genug zur Verwerfung einer
Passio[2).]

Es muss zugegeben werden, dass die Berichte über den
h. Georg viel Sagenhaftes und Unwahres enthalten, aber dies
allein berechtigt noch nicht seine Passio zu verwerfen oder
gar seine Existenz zu leugnen.

Die grossen Männer aller Zeiten wurden von der Sage
umwoben und verherrlicht, doch zeugt die übermenschliche
Kraft, die solchen Männern zugedacht wird, nur von der
Grösse und Bedeutung derselben.

Jedenfalls galt Georg, sowohl im Oriente als auch im
Abendlande als einer der beliebtesten und gefeiertesten
Heiligen, dem zu Ehren in allen Ländern Kirchen und Ka-
pellen errichtet wurden.[3)] Er wurde als Schutzpatron in
allen Drangsalen, so besonders in Kriegsnöten und Natur-
plagen angerufen[4).]

§ 3.

Nach allen bisher bekannten Quellen, so auch nach dem
vorliegenden Texte soll der h. Georg einer vornehmen Familie
aus Kappadocien entstammen[5).]

Der eigentliche Ort seiner Geburt wird nirgends ange-

[1)] Vergl. Epistolae Romanorum pontificum. Tom. 1, S. 458—9 von
Andr. Thiel.

[2)] Vergl. Act. Sanctorum Junii Tom. III, Seite 28—34.

[3)] Vergl. Act. Sanct. Aprilis Tom. III. S. 101—116.

[4)] Dillmann Sitzungsbericht der Berliner Akademie der Wissen-
schaften vom Jahre 1887. S. 353.

[5)] Acta Sanct. Aprilis Tom. III. 101—116; Act. Martyrum v. Bedjan;
lateinische Dissertation v. M. Frick über St. Georgius vom J. 1693.

geben. Merkwürdiger Weise erscheint in der Handschr. No. 330 der Sachauischen Sammlung statt des sonst immer vorkommenden ܩܦܕܘܩܝܐ (Kappadocien) ܩܝܣܪܝܐ, das nach Pane Smith Thess. syr. „urbs natalis St. Georgii" wäre.

Als Verfolger des Georg wird im vorliegendem Texte ein gewisser Dadjanus[1]) genannt, der sich mit vier anderen Königen verbindet. Die Namen derselben sind hier nicht erwähnt. Dagegen werden in der Handschr. (Sachau 222) als Verbündete des Dadjanus: ܡܠܟܐ ܕܡܨܪܝܢ ܘܡܠܟܐ ܕܩܕܘܩܝܐ ܡܠܟܐ ܥܡ ܡܓܢܘܣ ܪܡܘܙܝ[2]) ... Der König von Egypten, der König Kadoclia nebst den Magnatis aufgezählt. In den Acta Sanct. werden wieder Diocletian und Maximianus als die Hauptverfolger des Georg und der Christen bezeichnet, während Dadjanus als Präfekt von Syrien nebst Magnentius und Theognes, den Präfecten von Libyen und Egypten, als Bundesgenossen des Diocletian erscheint[3]).

Auch in den Acta Martyrum von P. Theodoricus Ruinhard erscheinen als Christenverfolger die Imperatoren Diocletian und Herculius[4]) ferner die Caesaren Constantius Chlorus und Galerius Maximianus[5]), aber Dadjanus wird dort nicht erwähnt. Der Name des Georg wird zwar auch nicht ausdrücklich genannt, aber aus der Andeutung (Seite 236) quemadmodum occidit Cappadocia und aus der Angabe der Zeit, in welcher das Martyrium stattgefunden haben soll, geht hervor, dass es sich dort um die Person des Georg handelt.

---

[1]) Papebroch erwähnt in seinen Acten einen gewissen Dacianus, qui Persis domineretur et septnaginta quinque regibus imperet, sub quo Georgius passus est; es ist nicht unwahrscheinlich, dass es sich dort um dieselbe Person, wie hier handelt.

[2]) Das ist das griech. στρατηλατης (dux exercitus).

[3]) Vergl. dortselbst S. 103.

[4]) Unter Herculius ist wohl Maximianus zu verstehen und dies ist auch sein eigentlicher Name. Hercules wurde ihm von seinem Collegen Diocletian erst zu der Zeit beigelegt, als er sich selbst den Namen Juppiter gab. (Vergl. Allard Histoire de Persecutions de Diocletian Tom. 4 Editio Paris 1890).

[5]) Vergl. dortselbst Index actorum et passionum.

Bemerkenswert ist, dass in den orientalischen Quellen stets Dadjanus und in den abendländischen stets Diocletian als die Anführer der Christenverfolgung erscheinen.

Der Ort, wo das Martyrium des Georg stattgefunden haben soll, wird im vorliegenden Texte nicht genannt. Dagegen wird in den Acta Sanctorum mit ziemlicher Sicherheit folgendes behauptet: „Videlicet passum esse initio persecutionis sub Diocletiano et Maximiano motae idque non Militine in Armenia, quae perperam in latinis Actis adscribitur Cappadociae, sed eo loco ubi concepta et publicata primum fuere edicta ubi senatus aderat, ubi aulam et uxorem Diocletianus habebat adque adeo Nicomedia". Dieses soll durch die Lage des Ortes und durch die Acten festgestellt sein.

Nach der Realencyclopädie von Herzog soll dies nicht in, sondern bei Nicomedia stattgefunden haben.

Bedjan nennt neben Nicomedia und Milet noch Diospolis, wo nach einigen das Martyrium des Georg gewesen sein soll [1]).

§ 4.

In den meisten Berichten wird der 23. April des J. 303 als der Todestag des h. Georg angenommen [2]). Im vorliegenden Texte wird ܒܪܝ ܥܣܪܝܢ ܘܬܠܬܐ, Mittwoch des Monates Adar (gewöhnlich März) als Todestag des Georg angegeben.

Einer andern Stelle zufolge, soll er an einem Freitag um die 7. Stunde an demselben Orte, wo die Königin Alexandra die Märtyrerkrone empfangen, enthauptet worden sein [3]).

In Bezug auf den Tag stimmt auch die Handschr., welche im Sachauischen Handkataloge unter No. 222 verzeichnet ist, mit der vorliegenden überein. Dort wird jedoch nebst dem Tage auch der Monat und das Jahr seines Martyriums aber abweichend von den anderen Quellen mit folgenden Worten angegeben: ܒܫܢܬ ܬܠܬܡܐܐ ܘܬܠܬ ܒܝܪܚ ܢܝܣܢ ܚܡܫܐ

---

[1]) Vergl. Bedjan Acta Mart. Bnd. 1 S. 277 Anm.

[2]) Vergl. S. 7 Anm. 5.

[3]) Vergl. Syr. Text Seite 29.

ܪܘܡܝܐ ܘܥܕܘ ܡܪܝ ܥܢܐ ܒܝܘܡ ܥܪܘܒܬܐ ܕܝܪܚܐ ܢܝܣܢ ܒܟܢܘܫܝܐ

ܡܪܝܡ Er wurde am 24 Nisan [gewöhnlich April] an einem Freitag[1]) um die siebente Stunde in den Tagen des Königs Dadjanus im Jahre 290 des Herrn gekrönt.

Über die Art und Weise des Martyriums stimmt der vorliegende Text mit den genannten Quellen nicht vollkommen überein. Ohne besondere Einleitung, ohne auch nur mit einem Worte sein vorhergehendes Leben und Wirken[2]) zu berühren, führt uns der Dichter mit seinem Helden vor den grausamen Verfolger Dadjanus, dem er ohne Furcht mit wahrem Heldenmute entgegentritt und ihn ob seiner thörichten Götzenverehrung zurechtweist. Darauf nahmen die Marterqualen mit furchtbaren Schlägen ihren Anfang. Kein freundliches Zureden, kein Zwang vermögen den Märtyrer zur Verehrung der Götter zu veranlassen.

Darauf wird er einer armen Witwe in Gewahrsam gegeben, wo er durch sein Gebet einen Baum aus der Erde hervorsprossen lässt, der die herrlichsten Früchte trägt. Er heilt darauf ihren Sohn von seinem furchtbaren Gebrechen. Als die Witwe diese Wunder sieht, wird sie eine gläubige Christin, die von ihrem neuen Glauben so durchdrungen ist, dass sie sogar den Georg, als es ihr schien, dass er wankend geworden wäre, ermahnt, treu dem Herrn zu bleiben, der ihm bis dahin den Sieg über den Bösewicht verliehen und den Kampf nicht aufzugeben.

Diese Wendung mit der Witwe wird auch in den Acta Sanct. und in der Handschr. (Sachau 222) berührt; hier bildet sie jedoch einen wesentlichen Teil der Erzählung und ist in der Ausführung ziemlich verschieden. Man kann überhaupt sagen, dass der Bau der vorliegenden Märtyrergeschichte ein ganz anderes Gepräge hat, als dies in den sonstigen Berichten

---

[1]) Freitag mag wohl von den syr. Schriftstellern willkürlich angenommen worden sein. um dessen Todestag mit dem des Jesu in Übereinstimmung zu bringen. Georg erscheint hier überhaupt in vielen Beziehungen ein Abbild Jesu.

[2]) In allen andern Quellen erscheint er als Comes im Heere des Diocletian. vergl. Act. Sanct. April. III. S. 103—116.

der Fall ist. Was dort ausführlich erscheint, wird hier entweder gar nicht erwähnt oder nur angedeutet und umgekehrt wird hier wieder manches weitläufig geschildert, was dort nur gestreift wird.

So wird hier von dem schweren Steine, der dem Märtyrer im Kerker auf die Brust gelegt worden sein soll, sowie von der Grube mit frisch gelöschtem Kalk, in die er hineingeworfen worden sei, nichts berichtet. Ebenso weiss unser Dichter von den glühenden Stiefeln, die man dem Georg angezogen habe, nichts mitzuteilen. Das Rad mit den schneidigen Werkzeugen, das der Märtyrer besteigen muss, fehlt auch hier nicht. Auch von Athanasius, den der König berufen lässt, dass er dem Georg tötliches Gift bereite, ist hier die Rede, aber derselbe erscheint hier natürlicher, als in den andern Berichten.

Während er überall als gewaltiger Zauberer bezeichnet wird, der die ausserordentlichsten Zauberkräfte vor dem Könige entwickelt, erhält er hier den bescheidenen Titel „ܐܣܝܐ ܛܒܐ‎“, geschickter Arzt.

Interessant im vorliegenden Berichte ist der Zug, wie der König, nachdem alle angewandten Marterqualen ihre Wirkung versagen, den Georg fragt, womit man ihn denn eigentlich endgiltig töten könne. Georg erwidert, sein Tod wäre in Gottes Händen.

Darauf zeigt er ihm ein hartes Schwert, das nun die gewünschte Wirkung hervorbringt; er wird mit diesem enthauptet und kehrt nicht mehr ins Leben zurück.

Der Kampf mit dem Drachen,[1]) welchen die Sage dem heil. Georg zuschreibt, kommt in diesem Texte sowie in andern orientalischen Quellen nicht vor. Wenn man überhaupt die morgenländischen mit den abendländischen Berichten vergleicht, so gehen sie in den Einzelheiten weit auseinander. Es wird aber auch kaum gelingen in dieses Dunkel, das über diesen Heiligen schwebt, mehr Licht hineinzubringen.

---

[1]) Vergl. Historia lombardica sanct. legenda aurea von Bischof von Viraga in Genua aus dem 13. Jhrd., wo man der Sage vom Kampfe mit dem Drachen zuerst begegnet.

Sein Leben und Wirken reicht eben in ein Alter hinauf, wo Sage und Geschichte kaum noch von einander recht geschieden waren. Es ist daher begreiflich, dass man in den verwickelten Mitteilungen über den h. Georg keinen festen historischen Grund zu fassen imstande war. Neuere Forscher[1]) der Christenverfolgungen, welche unter Diocletian ausgebrochen waren, erwähnen unter anderen Märtyrernamen auch den des Georg ohne jedoch auch nur mit einem Worte seine sonstigen Erlebnisse und Schicksale zu berühren.

Im vorliegenden Texte soll neben dem philologischen Werte, den diese Gedichte in sich bergen, auch gezeigt werden, wie diese Legende von Seiten der syrischen Kirche aufgefasst wurde.

Charakteristik des Manuscriptes.

Vorliegende Handschrift bildet einen Teil der grossen Kirchenliedersammlung, welche in Sachaus kleinem Handkataloge der syr. Handschriften der königlichen Bibliothek zu Berlin unter No. 24 (Manuscr. Or. 619) des alten Bestandes verzeichnet ist.

Der Band (Kleinfolioformat) ist 20 cm. breit, 29 cm. lang, zweispaltig, auf Papier geschrieben und enthält 248 Blatt.

Unser Text nimmt 13 Blatt ein und zwar in der Weise, dass das erste Gedicht von Bl. 84a—87b und die übrigen von Bl. 147b—155b sich erstrecken.

Auf der Innenseite des Holzdeckels befindet sich eine von jüngerer Hand angefertigte Überschrift mit folgendem Wortlaute:

[Syriac text, multiple lines]

[1]) Vergl. Allard Histoire de Persecutions. Tom. I. Seite 208—9, Editio Paris 1885.

Die ersten drei Blätter sind sehr stark beschädigt und zum Teile mit Papier unterklebt. Von Blatt 4a bis 116b ist die Handschrift gut erhalten, von hier an bis Bl. 242 ist der Text in der Mitte zerstört, mit Papier unterklebt und von späterer Hand, freilich nicht mit jener ursprünglichen Sorgfalt ergänzt, wodurch, namentlich dort, wo der ergänzte mit dem alten Texte zusammentrifft, manche Unkorrektheiten, entstanden sind. Von Blatt 242 bis zum Schlusse ist der Text nicht ersetzt, obgleich er auch hier beschädigt ist. Auf Bl. 243a ist die Zeit und der Ort der Anfertigung der Handschriften angegeben. Da der Text zum Teile zerstört ist, so konnte ich denselben hier nicht anführen. Aus dem Ganzen ist jedoch mit Sicherheit zu entnehmen, dass die Abshhrift am [3. Tage der Woche] Dienstag des 19. Adar, an einem Festtage des Herrn im Jahre 2026 der griechischen (am 19. März 1719 der christl.) Zeitrechnung im Dorfe Derbend[1]) von einem gewissen Warda, Sohn des Lazar angefertigt worden ist. Die Handschrift ist in der Schreibart der Nestorianer niedergeschrieben und mit dem Vokalsystem derselben, sowie mit Quššaja und Rukkacha fast durchgehends versehen. Der Anfang eines jeden Gedichtes ist durch rote Tinte hervorgehoben.

Zum V. und VI. Gedichte habe ich zwei andere Handschriften, die im Sachau'schen Handkataloge unter No. 188 resp. 330 verzeichnet sind, benutzt. Dieselben weisen bedeutende Varianten auf, die ich an betreffender Stelle unterhalb des Textes gesetzt habe. Die Handschr. 188 stimmt fast vollkommen mit 330 überein und scheint eine Abschrift derselben zu sein.

Der Anfang und das Ende fehlen in 330, so dass man das Alter derselben nicht bestimmen kann. Sie ist überhaupt in sehr schlechtem Zustande; scheint am feuchten Orte gelegen zu haben, wodurch die Schrift an vielen Stellen ganz verwischt ist.

---

¹) Derbend liegt im Bezirke Targawar, westlich vom Urmia noch auf persischem Gebiete (Sieh' Z. D. M. G. Band 27, Seite 489).

Die Handschr. 188 ist im Jahre 1882 in Alkosch angefertigt und sehr gut erhalten.

Auf die im vorliegenen Texte nicht selten vorkommenden Fehler wird in den Anmerkungen hingewiesen, die ich, der bessern Übersicht halber, extra zusammengestellt habe. Viele Fehler konnten durch die Parallelstellen der genannten Handschriften beseitigt werden. In der Bibliotheka Vaticana befindet sich ebenfalls eine Sammlung nestorianischer Kirchenlieder von Givargis Warda, und aus der Beschreibung Assemanis[1]) zu schliessen, dürfte sie wohl das Original unseres Manuscriptes sein; denn sie stimmt in Inhalt und Seitenzahl mit dieser vollkommen überein.

§ 7.

Der Sammler und zum Teile Selbstverfasser der Kirchenlieder der vorliegenden Handschrift war Giwargis mit dem Beinamen Warda (Rose) aus Arbela[2]). Er ist als gefeierter Hymnendichter bei den Nestorianern bekannt. Sein Geburtsjahr ist nirgends festgestellt. Sicher ist es jedoch, dass er um das Jahr 1538 der griechischen (1230 der christl.) Aera gelebt hat. Das geht aus zwei seiner Gedichte hervor, in welchen er die Kalamitäten seiner Zeit, die vom Jahre 1535 bis 1538 gedauert haben, beklagt[3]). Da sich Giwargis Warda zur nestorianischen Sekte bekannte, so ist kein Wunder, meint Assemani, dass sich einiges von der Häresis der Nestorianer in seinen Liedern eingestreut vorfindet. Deshalb wird er gleich andern Schriftstellern seiner Denkungsweise im Synodus Diamperensis Act. 3, Dekret 14, pag. 98 verurteilt und seine Schriften mit folgenden Worten verboten: Item librum, qui vocatur Vguard (lege Warda) sive Rosa, qui etiam asserit in Christo duplex suppositum, et unionem solum exstrinsecam ac mortalem, additque filios divo Josepho ex

---

¹) Vergl. Catalog, Biblioth. Vaticana Tom. III. Seite 388, No. CL XXXIV.

²) Vergl. Encyklopaedia Britannica und den Sachau'schen Handkatalog.

³) Assem. Biblioth. Orr. Tom. III. S. 561.

alia uxore susceptos, obstetricem advocasse ad Virginem parituram camque inter dolores ac anxietates peperisse aliaque id genus commenta penitus fabulosa adque blasphema[1]).

§ 8.

Es erübrigt noch, einige Worte über das Metrum der vorliegenden Gedichte hinzuzufügen.

In der syrischen Poesie wird bekanntlich nicht nach Längen und Kürzen gemessen, sondern es werden die Silben gezählt. Da jedoch die Verse dieser Gedichte nicht nach Zeilen geordnet, sondern fortlaufend geschrieben und nur durch Punkte, die nicht überall und nicht genau gesetzt, von einander getrennt sind, so konnte ich namentlich beim ersten Gedichte, nur mit Mühe und nach langem Skandieren der einzelnen Strophen, das Metrum feststellen.

Die erste Strophe des ersten Gedichtes wäre meiner Ansicht nach als 6zeilig aufzufassen. Was die Silbenzahl der einzelnen Verse betrifft, so herrscht hier, wie überhaupt bei den ersten und letzten Strophen sämmtlicher Gedichte, keine besondere Regelmässigkeit. Es wechseln 7, 8 und noch mehrsilbige Verse untereinander. Die andern Strophen dieses Gedichtes sind mit geringen Ausnahmen vierzeilig. Die Silbenzahl der einzelnen Verse verhält sich also: Der erste ist immer viersilbig, dann folgen zwei achtsilbige Verse und der letzte ist siebensilbig. Die selten vorkommenden fünfzeiligen Strophen haben dieselbe Ordnung, nur ist der fünfte Vers ebenfalls siebensilbig. Da das angegebene Metrum mit ausserordentlicher Regelmässigkeit durch das ganze umfangreiche Gedicht sich wiederholt, so kann man mit Sicherheit annehmen, dass dasselbe hier auch nur das einzig mögliche ist; denn ein anderes lässt sich hier nicht durchführen. Da nun in diesem Versmasse kürzere und längere Verse in gleicher Weise vorkommen, so dürfte dasselbe nach Bernstein und Zingerle zum sogenannten Metrum varium gezählt werden[2]).

---

[1]) Sieh Assem. Catalog. Biblioth. Vatica. Tom III. S. 388!

[2]) Vergl. Zingerle Abhandlung über das gemischte Metrum in den

In den andern sechs Gedichten, von denen 2 alphabetische
Ordnung haben, konnte das Versmass durch den Endreim
der Verse eher bestimmt werden. Mit Ausnahme der Anfangs-
strophen, in denen beliebig viele Verse vorkommen, sind alle
andern, mit geringen Abweichungen ebenfalls vierzeilig; dagegen sind die Verse meist siebensilbig. Die verhältnis-
mässig wenig vorkommenden sechs oder achtsilbigen Verse,
könnten vielleicht durch Anwendung von Synaeresis und
Diäresis[1]) in siebensilbige verwandelt werden. Diese Gedichte
sind demnach im sogenannten Metrum Ephraems und Isaaks
verfasst.[2])

Es möge auch hervorgehoben werden, dass ich die Verse
genau nach Zeilen geordnet habe.

Was die Übersetzung betrifft, so war ich bestrebt eine
möglichst wörtliche zu geben. Dass dies bei der Übertragung
aus einer Sprache in die andere, abgesehen von manchen un-
vermeidlichen Härten, nicht absolut durchzuführen ist, bedarf
wohl nicht besonders hervorgehoben zu werden. An manchen
Stellen konnte man nur dem Sinne nach übersetzen, worauf
jedesmal in der Anmerkung hingewiesen wird.

Betraf es jedoch nur einen Ausdruck, so wurde derselbe
in der Übersetzung in Klammern gesetzt. Es wurde auch
manches, das im syrischen Texte nicht ausdrücklich steht,
aber zum besseren Verständnis unerlässlich notwendig war,
ergänzt und ebenfalls in Klammern gesetzt.

Da ich momentan nicht in der Lage bin, die ganze Arbeit
herauszugeben und ich den syrischen Text dennoch nicht
kürzen wollte, so lasse ich die Übersetzung nur zum I. und
III. Gedichte, als den wichtigsten und schönsten Abschnitten,
im Drucke erscheinen.

syr. Gedichten in der Zeitschr. für die Kunde des Morgenlandes, Band
VII, Seite 1—24 und 185—196, ferner Z. D. M. G. Bnd. X, S. 116—126
und Bnd. XVII Beiträge zur syr. Metrik, Seite 688.

[1]) Vergl. syr. Chrestomatie von Hahn und Siefert.

[2]) Z.D.M.G. Band XVIII S. 754.

Abreviaturen.

M^I = Manuscript Orr. 619

M^{II} = Manuscript 330 ⎫

M^{III} = Manuscript 188 ⎭ Sachauischen Sammlung.

Diese Abreviaturen benutzte ich nur bei den Varianten des V. und VI. Gedichtes, sonst gebrauch ich durchweg Handschrift.

Anmerkungen zum I. Gedichte.

1) ܝܡܪܝ ܠܗܐ ist als Melodie. nach welcher das Lied geht. aufzufassen: dies ist aus der Überschrift eines Gedichtes Folio 24a unseres Manuscriptes zu ersehen, wo ܝܡܪܝ ܠܗܐ ausdrücklich als ܩܠܐ bezeichnet wird.

2) In der Handschr. steht ܚܡܪܐ; aus dem folgenden ܝܬܚܡܪ ܕܡ zu schliessen, muss es hier als comparativisches Adjectiv aufgefasst werden und könnte nur ܚܡܪܐ lauten (Vergl. syr. Gram Nöldeke § 149).

3) ܚܡܪܐ giebt hier keinen Sinn: denn das Bestreben des Dichters ist, die schlechte Handlungsweise des Menschen zum Ausdrucke zu bringen und das Böse zu zerstören kann doch nicht als eine schlechte That angesehen werden.

4) Genesis Cap. 3, 6

5) Gen. C. 4, 8.

6) Gen. C. 5.

7) Die Handschr. hat hier ܝܗܒܕ ܝܗܘܐ, das keinen richtigen Sinn giebt: verständlicher erscheint der Vers, wenn man entweder ܝܗܘܐ in ܝܗܒܐ oder ܝܗܒܕ in ܝܗܒܕ corrigieren würde. Wahrscheinlicher ist es jedoch, dass hier ursprünglich ܝܗܘܐ ܝܗܒܕ gestanden hat; denn der Abschreiber konnte eher „ܙ“ für „ܒ“ als „ܕ“ für „ܘ“ gelesen haben. Hier wurde der Text der letzten Annahme gemäss verbessert.

8) In der Handschr. steht ܝܬܚܠܫ; dieses Wort ist in keinem Lexikon verzeichnet: am Rande der Handschrift befindet sich jedoch ܝܬܚܠܫ, das, der Schrift nach zu schliessen, eine Correctur von späterer Hand zu sein scheint. Da dieses Wort dem Verse einen richtigen Sinn giebt, so wurde es hier statt des erstern in den Text gesetzt.

9) Richter C. 8, 27.

10) Exodus C. 5, 2.

11) Num. C. 12, 1 u. 2.

12) Num. C. 15, 32—36.

13) Levit. C. 10, 1 u. 2.

14) In diesem Verse sind fünf, statt der sonst immer vorkommenden vier Silben: es müsste hier des Metrums wegen Synäresis angewendet werden.

15) Num. C. 25, 7.

16) Hier würde vielleicht ܐܢܘܚܡ besser am Platze sein und es bezöge sich dann auf Pinëchas, von dem in diesem Verse die Rede ist, da „ܐܢܘ" unmöglich hier richtig sein kann.

17) Josua C. 7, 1 u. 25.

18) Das fehlende „ܢ" bei „ܪܝܡܝܢ" wurde hier ergänzt.

19) Sam.[I] C. 2, 13—17 und Cap. 4, 11.

20) Sam.[I] C. 3, 13.

21) Sam.[I] C. 17, 45—50.

22) Unter ܐܠܡ ܪܒ ܡܠܐ ist Christus gemeint. (Vergl. Evangel. Matth. C. 11; Cap. 20. 30, 31, ferner Evang. Lucae Cap. 1, 27, 32).

23) Sam.[I] C. 13, 13 u. 15, 9—27.

24) Sam.[II] Cap. 17, 1—4 u. 23.

25) Die fehlende Silbe könnte vielleicht durch Diaeresis ergänzt werden: sieh Einleitung.

26) Sam.[II] Cap. 18, 9.

27) Könige[I] Cap. 16. 30—32.

28) Könige[I] Cap. 18, 4; dortselbst Cap. 21, 23.

29) Hier wurde statt des in der Handschr. befindlichen ܐܡܪ̈ܓܠܟ, ܐܡܪ̈ܓܠܟ gesetzt.

30) König[II] Cap. 5, 21—27.

31) Vergl. Apokryphen: Die Geschichte von der Susana u. Daniel.

32) Hier wurde das fehlende „ܢ" bei ܐܒܘܥܝܣ ergänzt.

33) Evang. St. Matth. Cap. 26, 14—16.

34) In der Handschr. steht ܪܒܐ, das jedoch, dem folgenden ܪܝܕܐܘܠ ܢܡ nach zu schliessen, ein comparativisches Adjectiv sein müsste und könnte nur ܪܒܝ, heissen.

35) Hier musste „?" vor „&" wegen der Präposition „ܒ" treten. (Vergl. Nöldeke syr. Gram. S. 198).

36) Evang. Matth. Cap. 16, 27.

37) Evang. Matth. C. 13, 30.

38) Evang. Lucae 17, 26.

39) Evang. St. Matth. Cap. 7, 21.

40) Diese Strophe scheint zum Theile aus Evang. Matth. Cap. 24, 50, 51 und z. Th. aus Cap. 25, 26 entnommen zu sein.

41) Matth. 7, 13.

42) Matth. 7, 14.

43) Matth. 3, 12.

44) Diese Form ist hier ganz unverständlich.

45) Der in die Klammer gesetzte Text giebt keinen Sinn, weil hier das Praedicat fehlt; doch scheint der Dichter den Ausspruch aus den Episteln Pauli an die Römer Cap. 2, 12 zitieren zu wollen.

46) Hier müsste ein „?" gesetzt werden, weil im Syrischen in solchen Verbindungen stets ein „?" steht: da jedoch auf Seite 9, Zeile 6 dieselbe Verbindung ohne „?" eingeleitet ist, so wurde hier keine Verbesserung im Texte vorgenommen; (vergl. Nöldeke syr. Gram. § 367).

47) In der Handschr. steht ܡܩܝܡܐ, als attributives Adjectiv zu ܚܫܘܟܐ kann diese Form unmöglich richtig sein und muss daher in ܡܩܝܡܐ corrigiert werden; aber auch des Versmasses halber ist hier eine Verbesserung geboten; denn sonst würde der letzte Vers, der immer sieben, hier nur sechs Silben haben.

48) Jeremia C. 1, 5.

49) Das erste Cap. des Buches Ezechiel wird im Talmud (Chagiga Folio 13a) מרכבה מעשה genannt, weil in demselben vom göttlichen Wagen die Rede ist; dem Verfasser dieses Gedichtes musste wohl diese Ausdrucksweise bekannt gewesen sein, daher mag wohl hier die Anwendung des Wortes ܡܪܟܒܬܗ herrühren.

50) Die Handschr. hat ܣܝܒܘܬ in der Peschitto steht

jedoch معموديثا und der hebräische Text (Ester C. 2, 5) hat ebenfalls „מרדכי" mit „ר" und auch die Septuaginta transscribiert Μαρδχαι mit „δ" Da nun ein syr. „ד" auch den allgemeinen Lautgesetzen nach dem hebräischen „ר" nicht entspricht, so ist dieses als Fehler zu betrachten.

51) Vergl. Anm. 46 Seite 20.

52) Hier wurde das fehlende „ܐ" bei ܡܣܬܪܝܐ ersetzt.

53) In der Handschr. steht ܡܚܒܟܐ, das aber ܡܚܒܟܐ heissen muss.

54) Der in die Klammer gesetzte Text ist unverständlich; nach Zingerle (Z. D. M. G., Band 17, S. 733 Anm. 5) sind unter „ܐܝܪܐ" die Heiligen zu verstehen, welche von den syrischen Kirchenschriftstellern öfters mit Kaufleuten verglichen werden, weil sie alles Irdische aufopfern, um sich das heil. Evangelium zu erwerben; kann sein, dass der Dichter diesen Gedanken hier zum Ausdruck bringen will.

55) ܐܬܘܒ ist hier in der Bedeutung von Umkehren im Sinne der Busse, wie etwa das hebr. שׁוּבָה יִשְׂרָאֵל עַד יְהוָה, dem ja ܬܘܒ auch entspricht, zu nehmen; das hebr. שׁוּב und das syrische ܬܘܒ sind aber auf das arab. تَاب zurückzuführen. (Vergl. Hosea C. 14, 23).

56) ܡܟܣܐ wird ܐܘܢܐ gleichgestellt, weil die Zöllner im Altertume als Bedrücker und Erpresser der Menschen in sehr üblem Rufe standen, wie es ja auch aus Matth. 21, 31, 32 zu ersehen ist, wo Jesus zu den Priestern und Schriftgelehrten spricht: „Die Zöllner und die Huren mögen wohl eher in das Himmelreich kommen denn ihr."

57) Hier wurde ܢܛܥܡܘܢ in ܢܛܥܡܘܢ verbessert.

58) In diesem Verse ist eine Unregelmässigkeit in Bezug auf das Metrum wahrzunehmen; da in den sonst selten vorkommenden 5zeiligen Strophen der letzte Vers gleich dem vorletzten immer 7silbig ist (Siehe Einleitung).

59) In der Handschr. steht ܦܪܥܐ; dem Zusammenhange nach zu schliessen müsste es hier als Substantivum genommen werden, das sich aber als solches in den Lexicis nicht vorfindet; es ist jedoch kein Zweifel, dass hier ܦܪܥܐ stehen

muss: denn ܝܥ und ܐܝ unterscheiden sich in der nestorianischen Schreibweise nur durch den diakritischen Punkt und es liegt hier nur ein Irrtum des Schreibers vor. Mit ܒܝܢ ܝܥ will der Dichter dasselbe nur mit andern Worten, wie mit ܝܝܢ ܟܣ ausdrücken. (Vergl. zu dieser und vorhergehender Strophe Coheleth Cap. 12, 2 u. 3, woher der Dichter dieses Bild entlehnt hat; es ist kein Zweifel, das ܝܥ dem hebr, ארבית entspricht.

60) Unter ܚܟܝܡܐ ist hier der König Salomo gemeint, der bei den Alten allgemein als Verfasser des Buches Coheleth galt (Siehe dortselbst 1, 2).

61) Vergl. Evang. St. Matth. C. 24. 31.

62) Unter ܝܡܢ ist Christus gemeint und wird gewöhnlich von den syr. Dichtern ܐܡܝܢܐ ܝܡܢ genannt, es kommt mitunter auch ܝܡܝܢܐ ܝܡܢ vor (Vergl. Z. D. M. G. Bnd. X. S. 114, vergl. auch Matth. C. 9. 15).

63) Vergl. Matth. C. 25, 1—7, woher der Dichter dieses Bild entnommen zu haben scheint.

64) ܟܣܦ wurde hier, weil es sich auf das vorhergehende ܝܣܟܝ bezieht in ܟܣܦ verbessert.

65) ܟܘܪܒܐ wurde hier zu ܟܘܪܒܝܗ ergänzt.

66) Vergl. zu dieser Ausdrucksweise das „Credo" der chaldäischen Christen in altsyrischer Sprache, wo ܐܚܝܕ ܟܠ von E. Roediger mit „omni potens" wiedergegeben wird (Zeitschrift für die Kunde des Morgenlandes Bnd. 2, Heft 1, Seite 85, Zeile 2 und Übersetzung Seite 88).

67) Zwischen den Wörtern ܦܠܝܚ und ܢܘܪܐ steht in der Handschr. ܘܠܥ, über welches zwei rote Kreuzchen sich befinden, wahrscheinlich, um anzudeuten, dass es zu elidieren ist.

68) ܝܡܝܢܐ, wird in der vorliegenden Handschr. stets als Gegensatz zu ܝܡܢ. gestellt; letzteres ist in der rabbinischen Literatur stark vertreten und wird als Gegensatz zu בן עין gestellt. In den Sprüchen der Väter kommt nämlich folgende Stelle vor עין טוב לגוהנם יבישת פנים בן עין, welche von Ewald

übersetzt wird: Der freche Blick gehört der Hölle an, der sittsame dem Paradiese; man würde daher nicht fehlen, wenn man ܦܪܕܣ, gleich ܒ ܥܕܢ mit „Paradies" wiedergeben würde. (Vergl. Pirke Aboth oder Sprüche der Väter ein Traktat aus der Mischna Cap. 5, 22 und auch Anmerkung dortselbst von Dr. Paulus Euald).

69) ܪ܏ܡܕ ist in der Handschr. mit Sejâmêpunkten versehen, das natürlich unrichtig ist, da es sich auf ܒܪܐ. bezieht und der Singular stehen muss.

70) Vergl. Anm. 68.

71) Vergl. Evang. Matth. Cap. 13, 42 u. 50.

72) Hier fehlt eine Silbe, könnte vielleicht durch Diäresis ergänzt werden

73) Am Rande der Handschr. steht ܪܚܡ̈ܝ, welches ohne Zweifel zum Texte gehört, da sonst die ganze Strophe keinen Sinn geben würde und deswegen wurde es hier nach ܦܪܘܚܐ eingefügt.

74) In dieser Strophe ist eine Unregelmässigkeit in Bezug auf das Metrum wahrzunehmen: es könnten hier höchstens drei Verse u. zw. der 1. als 4, die andere als 7 silbige bestimmt werden.

75) In der Handschrift steht ܦܪܘܕܚܐ, das aber gleich dem vorhergehenden ܐܪܝܚܐ auch ܦܪܘܕܚܐ heissen muss.

Anmerkungen zum II. Gedichte.

1) ܐܡܠܠ ܚܕܒܐ ist die Melodie. nach welcher das Lied geht und bedeutet nach Nöldeke: „Heil Dir Busen." (Vergl. Z. D. M. G. Bnd. 27, Seite 490).

2) Das Possessivsuffix „ܗ" im Worte ܡܘܟܠܕܡܝܗ ist vielleicht nur des Reimes wegen gesetzt worden und wäre demnach als poetische Licenz aufzufassen. Da es sonst hier durchaus nicht am Platze ist und stört nur den Sinn des Verses.

3) In diesem Verse sind statt der sonst immer vorkommenden sieben, acht Silben; durch Synäresis könnte eine Silbe ausfallen.

4) Über die Form ܪܢ für ܢܪܘ vergl. Nöldeke syr. Gram. § 67.

5) Die Handschr. hat ܐܟܠܬ, dem folgenden ܣܘܚܣܐ nach zu schliessen würde es ܐܟܠܬ (naves) heissen müssen.

6) Dieser Vers gehört eigentlich an die Spitze dieser Strophe, da er das Subject enthält.

7) In der Handschr. steht ܪܕܢ; dieses Wort kommt in keinem Lexikon vor, es ist aber sehr wahrscheinlich, dass hier ursprünglich ܪܕܘ gestanden hat und nur vom Copisten das „ܘ‟ als „ܕ‟ gelesen wurde, was ja leicht möglich ist; denn ܘ und ܕ sind in der nestorianischen Schreibart nicht allzusehr verschieden.

8) Vergl. zu diesem Verse Anm 3 dieses Gedichtes.

9) In dieser Strophe erscheint nur ein siebensilbiger Vers, die anderen sind achtsilbig; man könnte schliesslich auch hier durch Synäresis siebensilbige Verse herstellen; es ist jedoch kaum anzunehmen, dass der Dichter hier von denselben Gebrauch machen wollte, weil die achtsilbigen vorherrschend sind und ebenso erscheinen in der nächsten Strophe 2 achtsilbige Verse.

Der Wechsel zwischen sieben- und achtsilbigen Versen kommt übrigens bei andern Dichtern auch vor. (Vergl. den 2. syrisch-lateinischen Band von Ephraem S. 495). Die Verse dieser Strophe sind in der Handschr. durch drei, die der nächsten durch vier Punkte von einander getrennt, die ich jedoch nicht gesetzt habe, weil dadurch nur der Sinn des Textes gestört wird.

— — —

Anmerkungen zum III. Gedichte.

1) In der Handschr. steht ܣ ܝܚܠܐ ܣ ܕܝܖ; hier liegt offenbar eine Versetzung des Textes vor und muss wohl ܣܚܠܘ ܘܝܚ܉, heissen, da sonst der Vers unverständlich wäre.

2) Zwischen ܐܝܠܝܢ und ܠܢ befindet sich ein „ܐ" das
zu letzterem nicht gehören kann und ist als Dittographie anzusehen.

3) In Betreff der überzähligen Silbe vergl. Anm. 3 zu
Gedicht II.

4) Im vorliegenden Texte kommt dreimal ܐܘܟܠ und
achtmal ܐܘܟܠ vor, wobei das anlautende „ܐ" bald mit Petocho
bald mit Zeqafa versehen ist; obgleich die Form ܐܘܟܠ die häufigere ist, so wurde dennoch ܐܘܟܠ belassen, weil dieses Wort verschiedene Schreibweisen hat; so kommt neben ܐܘܟܠ auch
ܐܘܟܠ sowie ܐܘܟܠ und ܐܘܟܠ vor. (Vergl. P. Smith
Thess. syriacus und Bibl. Or. I. 327).

5) In diesem Verse sind statt sieben nur sechs Silben;
vergl. darüber Anm. 72 des ersten Gedichtes.

6) Unter ܐܘܟܠ versteht man gewöhnlich das alte Test.
(תורה) im Gegensatze zu ܐܘܟܠ (ברית חדשה neues Testament).

7) Dem folgenden Texte nach zu schliessen, wo von der
Heilung der Augen die Rede ist, müsste hier ܐܘܟܠ nicht
ܐܘܟܠ stehen; da erst unter Strophe „ܠ" kommt ܐܙܠܝ ܩܘܡ
vor; der Dichter scheint vergessen zu haben, was er in der
vorhergehenden Strophe geschrieben hat.

8) Unter ܐܘܟܠ ist hier wahrscheinlich die Königin
Alexandra gemeint, welche, durch Georg veranlasst. zum
Christentume übertrat und von welcher noch in den folgenden
Gedichten die Rede ist.

9) ܐܘܟܠ wird in den Lexicis mit „habitatus" wiedergegeben; hier passt diese Bedeutung nicht; Brockelmann
übersetzt ܐܘܟܠ mit „vixit"; es wäre vielleicht nicht gefehlt,
wenn man es in übertragener Bedeutung im Sinne von
„dauernd" gleichsam ewig „lebend" oder „bleibend" nehmen
würde, wie etwa ܐܘܟܠ ܐܘܟܠ ܐܘܟܠ das am Schlusse
des 2. Gedichtes vorkommt.

10) Zwischen dem zweiten und dritten Verse dieser
Strophe scheint eine Versetzung vorzuliegen; denn um einigermassen dieser Strophe einen richtigen Sinn zu geben. müssen

die Wörter ܠܚܡ̈ܐ ܕ ܒܢܝ̈ܐ ܐܠܗܝ̈ܐ als Genetive zu ܡܨܒܐ ܘܠܡܝܢܐ gleich ܘܒܝ̈ܐ angesehen werden, dann liegt aber auch kein Grund vor, die erstern von dem letztern zu trennen, zumal das Metrum dadurch in keiner Weise gestört wird. Ich würde daher folgende Wortstellung als die richtigere annehmen:

ܘܒܝ̈ܐ ܐܠܗܝ̈ܐ ܕܒܢܝ̈ܐ ܡܨܒܐ ܗܦ̈ܟ ܘܪ̈ܝ ܦ̈ ܘܪ̈ܝ ܡܢ̈ܐ

11) Zwischen ܡܨܒܐ und ܘܒܝ steht ein „ܘ" das zum erstern nicht gehören kann und ist als Dittographie aufzufassen.

12) Hier wurde ܪܓ in ܠܓ verbessert.

13) Im vorliegenden Texte werden vier Arten von Heuschrecken genannt. Hier kommen ܒܘ̈ܓܝ̈ܐ ܩܡ̈ܨܐ ܣܪ̈ܨܐ vor und in den andern Gedichten wird noch ܡ̈ܫܘܛܐ erwähnt[1]). ܩܡܨܐ wird gewöhnlich in den Lexicis mit „locusta" wiedergegeben und ist als Collectivum für Heuschrecke überhaupt aufzufassen, wie schon aus dem Gebrauche der Ausdrucksweise der Syrer ܩܡܨܐ ܦܪ̈ܚܐ ܕܩ̈ܡܨܐ ersichtlich ist. Nach Smith [Thess. syr.] würde ܩܡܨܐ ܦܪ̈ܚܐ dem hebräischen ארבה entsprechen und wäre als die fliegende Zugheuschrecke [gryllus migratorius], die in grossen Massen erscheint, wie schon der Name ארבה [רבה zahlreich[2]) darauf hinweist, anzuschen. Der Targum Onkelos übersetzt jedoch גוביא[3]) mit בקומצייא; demnach würde ܩܡܨܐ nicht ארבה sondern גוב entsprechen. Unter גוב will aber Dillmann [Exegetisches Handbuch zum a. Test. Leviticus S. 498] eine nicht fliegende kleine Heuschrecke verstehen. Aus dem Talmud Traktat Chulin Folio 59a ist jedoch das Gegenteil erwiesen. Dort wird nämlich erklärt, dass von den גובים nur diejenigen gegessen werden dürfen

---

[1]) Vergl. Leviticus C 11, 21 und Joel Cap. 1, 4, C. 2, 25, wo ebenfalls vier Arten von Heuschrecken aufgezählt werden; doch werden in Joel neben ארבה drei andere Arten nämlich גזם ילק חסיל yelek genannt. Ob dieselben den im Leviticus vorkommenden סלעם הרגל יהגב entsprechen, lässt sich hier nicht entscheiden. Nach Dillmann [Exegetisches Handb. z. alten Test. Levit. S. 498] würde ילק und חסיל ungefähr dem סלעם entsprechen.

[2]) Vergl. Dillmann z. Stelle.

[3]) Num. C. 13, 33.

כל שיש להם ד' כנפים ור' רגלים, welche vier Flügel und vier
Füsse haben. Demgemäss ist unter חגב eine Heuschrecke
zu verstehen, welche Flügel besitzt. Dass dort keine Heuschrecke, welche wohl Flügel hat, die aber zum Fliegen nicht
geeignet sind[1]), gemeint ist, geht aus der weitern Erklärung
dortselbst Folio 65b hervor, wo als Merkmal der geniessbaren
Heuschrecke וכנפיו חופין את רובו וכ, die Flügel müssen den
grössten Theil des Körpers bedecken, angegeben ist. Unter
اجلا ist hier gewiss eine ungeflügelte Heuschrecke, wie schon
der Name اجلا [schleichen] beweist, zu verstehen. Es ist
kaum anzunehmen, dass dies keine Gattung für sich, sondern
eine im Entwickelungsstadium begriffene Heuschrecke sei;
denn der Targum Jon. wiedergiebt גוב mit זחלא und ersteres
ist gewiss als Gattung für sich aufzufassen, weil גוב eines
der vier Arten ist, die in Joel C. 1, 4 vorkommen und auch
C. 2, 25 aber nicht in derselben Reihenfolge erscheinen;
denn wären dies nur verschiedene Entwickelungsstadien einer
Art, dann müsste in C. 2 dieselbe Reihenfolge, wie in C. 1, 4
eingehalten werden[2]). Der Talmud Tr. Chulin 56a ist jedoch
nicht dieser Ansicht; nach ihm wäre זחלא ein חגב, die noch
keine Flügel hat aber solche bekommen wird. Es wäre denn,
dass mit זחלא sowohl der Raupenzustand als auch eine ungeflügelte Heuschrecke zu verstehen wäre. Nach Raschi z.
Stl., der es mit מין חגב בלשון ארמי commentiert, könnte es
vielleicht in diesem Sinne genommen werden.

جُدْجُد [Hebr. צלצל] wird in den Lexicis mit „gryllus“
wiedergegeben. Es wäre demnach ein schwirrendes Insekt.
Wenn man auch hier der Erklärung des Talmud über dieses
Insekt folgen würde, so müsste man sich darunter ebenfalls
eine mit Flügeln versehene Heuschreckenart denken. Im
Talmud Tr. Chulin Folio 65b wird dieses Insekt in folgender
Weise beschrieben: וקרצילים[3]) כנפים ור' רגלים ד ישלו זה צרצור

---

1) Vergl. Cuvier Thierreich V. 361. wonach es Heuschrecken geben
soll, die geflügelt sind aber nicht fliegen können.

2) Vergl. Gesenius hebr. Wörterbuch zu ארבה.

3) Levy [Wörterbuch] citiert diese Stelle und setzt הרציליי statt

וכנפי את ריבי חופן. Der „Zarzur" besitzt vier Flügel, vier
Füsse und Knöchel und seine Flügel bedecken den grössten
Teil seines Körpers: ist jedoch für den Genuss nicht ge-
stattet worden, weil er nicht zu den הגב Arten gehört.
ܣܘܪܐ übersetzt „Bickel" [ZDMG Bnd. 27, Seite 621]
mit „Kornwurm". Dieses Wort findet sich auch im Talm
Tr. Schabbos F. 110a in folgender Verbindung vor מונינו דקמצי
und wird von Raschi mit ציר הנבים [Saft oder Sauce von
Heuschrecken commentiert. Auch Levy [Neuh. Wörterbuch]
übersetzt מונינו in erster Bedeutung mit „kleine Fische".
Demnach wäre die Übersetzung Bickels nicht ganz zutreffend.
Da jedoch dieses Wort in vorliegendem Texte mit den andern
Heuschreckenarten zusammengestellt wird, so ist es nicht
ausgeschlossen, dass die Syrer thatsächlich unter diesem
Worte eine Heuschreckenart verstanden haben.

14) In der Handschr. steht ܒ݂ܘܠ, das freilich als Fehler
aufzufassen ist; es müsste entweder St. constr. Pl. oder Sing.
stehen: letztere Annahme ist schon des Versmasses halber
vorzuziehen.

Anmerkungen zum IV. Gedichte.

1) Hier wäre der Status emph. besser am Platze und
der Vers würde dann siebensilbig sein: da jedoch in dieser
Strophe das Metrum nicht regelmässig siebensilbig erscheint,
so wollte ich keine Verbesserung im Texte vornehmen.

2) Verständlicher wäre der Satz, wenn man ܟ݂ܣܦ in ܣܟܠ
corrigieren würde.

3) In Betreff der überzähligen Silbe vergl. Anm. 3 zum
II. Gedichte.

4) Dieses Wort trifft auf die geflickte Stelle, so dass von
demselben nur ܣܪ genau zu erkennen ist: da jedoch im vor-

____

קרצולים und bezieht es gleich וכנפי auf ריבי את חופן. Mag sein,
dass in seiner Ausgabe. so gestanden hat.

hergehenden Verse das Imperf. ܘܢ und ebenso im nächstfolgenden ܘܢ steht, so kann man mit Sicherheit annehmen,
dass auch hier das Imperf. ܢ stehen muss.

5) Hier kommt der Name ܐܬܢܣ mehrmals vor; es ist
kein Zweifel, dass es sich hier um die Person des bekannten
Zauberers Athanasius handelt, der sonst in allen andern
Quellen über Georg erscheint. Auffallend ist hier nur die
Transscription ܐܬܢܣ; da sonst für Athanasius überall, so
auch im Thess. syr. von P. Smith ܐܬܢܣ vorkommt. Für
ܐܬܢܣ erscheint auch wohl ܐܬܢ (B. Or. T. I Pag. 493),
aber nicht ܐܬܢܣ; Smith wiedergiebt letzteres mit „Athenaeus."

6) Hier ist der alte Text zerstört mit Papier unterklebt
und von späterer Hand ergänzt; dort, wo der alte mit dem
neuen Texte zusammentrifft, sind manche Unkorrektheiten
entstanden, infolge dessen ist auch dieses Wort verstümmelt
worden und es ist von demselben nur ܐܬܢ deutlich zu erkennen; der Sinn des Satzes wäre verständlich, wenn man
das Wort in ܐܬܢ (aegrotavit.) ergänzen würde.

7) In der Handschr. steht ܐܢܘ ܚܡܣ zweimal; ist jedoch
als Dittographie aufzufassen, was die roten Kreuzchen, die
sich über diesen zwei Wörtern befinden, besagen wollen.

8) Merkwürdiger Weise erscheint hier ein 4silbiger Vers,
der sonst in diesem Gedichte nicht mehr vorkommt; da jedoch
an dieser Stelle der zerstörte Text von späterer Hand ergänzt
ist, so liegt die Vermutung sehr nahe, dass hier ursprünglich
ebenfalls ein 7silbiger Vers gestanden hat und vom Corrector
entweder aus Versehen oder in Folge des stark beschädigten
Textes nicht ergänzt werden konnte.

9) In der Handschr. steht ܘܢܚܒ ܢܚܒ; über ܘܢܚܒ
befindet sich jedoch ein „ܐ" und über ܢܚܒ ein ܣ, um wahrscheinlich anzuzeigen, dass hier ܢܚܒ ܘܢܚܒ zu lesen ist.

10) Die Handschr. hat hier ܐܚܣܕܝܢ: dieses Wort findet
sich in keinem Lexikon vor; es ist aber sehr wahrscheinlich,
dass hier ursprünglich ܐܚܣܕܝܢ [libidinosus] gestanden hat

und vom Abschreiber „ܢ" für „ܤ" gelesen wurde: da ja in
der Handschrift „ܢ" und „ܤ" in der Mitte des Wortes sich
nur durch den Haken unterscheiden: auch die Sêjamepunkte
sind hier nicht am Platze, weil doch das Prädikat ܐܡܚ im
Singular steht.

11) Am Rande der Handschr. steht ܢܐܥܢ: ob es zum
Texte gehört oder für ܡܚܣܡ zu setzen ist, lässt sich nicht
entscheiden. Jedenfalls ist der Sinn des Verses ohne den-
selben verständlich und das Metrum erheischt es auch nicht
[Vergleiche Anecd. syr. I. App. 2], wo die beiden Wörter in
Verbindung ܢܝܠܥܢ ܡܚܣܡ vorkommen.

— — —

Anmerkung zum V. Gedichte.

1) Hier wurde nach M^{II} ܥܙܝܠܐ in ܥܙܝܠܐ corrigiert.

2) ܡܪܕܠ wird in sämmtlichen Lexicis mit „turris"
wiedergegeben, vielleicht ist es hier bildlich im Sinne von
ܐܝ zunehmen und die Übersetzung würde etwa so lauten:
Den Kopf vom Rumpfe lösen, sonst wäre der Vers unverständlich. Es scheint bei den syr. Schriftstellern eine beliebte
Phrase zu sein. In der Handschr. Sachau 222 Folio 25b
findet sich folgende ähnliche Stelle vor „ܡܪܕܠ ܐܢܐ ܐܝܟ
ܢܝܤܠܚܤܢ."

3) In M^{I} steht ܢܚܝ am Rande, das aber des Metrums
wegen zum Texte gehören muss; thatsächlich befindet sich
das Wort in M^{II} im Texte.

4) M^{I} hat ܠܩܥܢܡ, das nach M^{II} in ܠܩܥܢܡ verbessert
wurde.

5) Über ܡܚܝܐܡ (Magnes) vergleiche Acta Sanct. Mens.
April. Tom. III. Pag. 100—104.

6) Über den Status constr. vor Präpositionen vergleiche
Nöldeke syr. Gram. § 206.

7) Sieh Anmerkung 6 d. G.

8) Der in die Klammer gesetzte Vers fehlt in M¹; da jedoch das ganze Gedicht aus vierzeiligen Strophen besteht, so kann man mit Sicherheit annehmen, dass auch hier ursprünglich die Strophe aus 4 Zeilen bestand und von Copisten vergessen wurde; hier wurde er nach M¹¹ ergänzt.

9) In M¹ ist von diesem Worte nur ܒܬ . . . deutlich zu erkennen, der Anfang ist verschmiert; es muss jedoch hier ܒܬ gestanden haben, was auch das sinnverwandte ܒܬ aus M¹¹ u. M¹¹¹ beweist.

10) M¹ hat ܒܬ das „ܝ‟ mit Petocho versehen, das freilich unrichtig ist und muss, wie in M¹¹ ܒܬ heissen.

11) Hier wurde ܒܬ in ܒܬ nach M¹¹ corrigiert.

12) ܒܬ bezeichnet den Thäter beim Passiv, von dem die Handlung ausgeht: merkwürdiger Weise ist es hier mit dem Activ ܒܬ construirt; es ist kaum anzunehmen, dass hier ein Fehler vorliege, da es einerseits in allen drei Handschriften so steht, andererseits findet sich eine ähnliche Construction in der Peschitto vor [Vergleich. ܒܬ ܒܬ ܒܬ Matth. C. 27, 15]; vergl. auch Nöldeke Gram. § 249 D.

13) In M¹ steht ܒܬ; hier wurde statt dessen ܒܬ nach M¹¹ und M¹¹¹ gesetzt.

14) Es kann nicht ܒܬ, wie in M¹ steht, sondern ܒܬ heissen.

15) M¹ hat ܒܬ, das aber unrichtig ist und wurde nach M¹¹ in ܒܬ corrigiert.

16) Das Possessivsuffix „ܗ‟ in ܒܬ ist wahrscheinlich nur des Reimes wegen gesetzt worden und wäre vielleicht als poetische Licenz anzusehen: da hier das Suffix nur den Sinn des Verses stört. M¹¹ und M¹¹¹ konnte nicht zu Rathe gezogen werden, weil der ganze Text fehlt.

Anmerkungen zum VI. Gedichte.

1) Das fehlende „◦" bei „⟨⟩" wurde nach M^II ergänzt.

2) M^I hat ⟨⟩, dagegen steht in M^II und M^III ⟨⟩; da das „?" als Zeichen der Abhängigkeit eines Satzes hier besser am Platze ist, so wurde demgemäss verbessert. (Vergl. Nöldeke syr. Gram. 366).

3) In M^II steht ⟨⟩ für ⟨⟩; in allen Quellen über Georg wird stets Cappadocien als seine Heimat angegeben. Zum erstenmale begegne ich diesem Namen in M^II. Smith im Thess. syr. bezeichnet ⟨⟩ als „urbs natalis Georgii." Leider fand ich über diesen Namen keine weitern Anhaltspunkte.

4) M^I hat ⟨⟩; hier wurde nach M^II ⟨⟩ gesetzt; denn das Suffix „◦" weist daraufhin, dass hier ursprünglich ein Genetiv war.

5) Nach Nöldeke (syr. Gram. § 288) ist das zur Determination dienende „\" beim Objekte nicht erforderlich, wenn das Verbum das Objektssuffix besitzt, wie im vorliegenden Falle; nach der Grammatik von Elias v. Tirhan (Editio Baethgen) S. 11 ist die Form gefälliger, wenn die Determination sowohl durch das Suffix am Verbum als auch durch das „\" am eigentlichen Objekte hervorgehoben wird; fehlt jedoch das „\" beim Objekte, so soll auch das Suffix „◦" am Verbum wegfallen. Da jedoch auch in M^II ⟨⟩ steht, so habe ich hier das „\" bei ⟨⟩ hinzugefügt.

6) Über ?⟨ für ⟨⟩ sieh' Nöldeke syr. Gram. § 67.

7) M^I hat ⟨⟩, dagegen steht in M^II und in M^III ⟨⟩; hier wurde demgemäss corrigiert.

8) Das in M^I fehlende „◦" bei ⟨⟩ wurde hier nach M^II und M^III ergänzt.

9) In M^I steht ⟨⟩, das fehlerhaft ist und muss, wie in M^II, ⟨⟩ heissen.

10) Hier trifft in M^I das Wort auf die geflickte Stelle und es ist nur das anlautende . . . ⟨⟩ deutlich zu erkennen:

jedenfalls dürfte hier das Partizig. pass. von ܦܬ܇ wie in M^{II} gestanden haben, nur mit dem Unterschiede, dass dort nach ܕ das relativische ..?̈ sich noch befindet, das auch hier hinzugefügt wurde.

11) Der in die Klammer gesetzte Vers befindet sich in M^{I} am Rande; da jedoch das Gedicht aus lauter vierzeiligen Strophen besteht, so wurde derselbe hier ergänzt.

12) Man könnte hier ܕܪܫܡܬ vielleicht mit ..er machte über sie das heilige Zeichen (des Kreuzes)" übersetzen, da auch Nöldeke [Z. D M. G., Bnd. 27 S. 506] ܪܫܡܬܗ mit „heiligem Zeichen" wiedergiebt. [Vergl. auch ܕܪܫܡ ܨܠܝܒܐ Assem. B. Or. III, 799].

13) ܙܒܢ̈ ܥܡܕ, wie es in M^{I} steht, stört nur den Sinn des Verses, deswegen ist die Variante aus M^{II} ܥܡܕ ܒܗ vorzuziehen.

Anmerkung zum VII. Gedichte.

1) ܥܕ wurde hier zu ܥܕܬܐ ergänzt.

2) Die Handschr. hat ܐܬܛܠܣܘ, da dieses Zeitwort zu den mediae „ܘ" gehört, so kann diese Form unmöglich richtig sein und muss ܐܬܛܠܣ heissen.

3) In der Handschr. ist ܘܪܝܗ mit Sejampunkten versehen, das natürlich als Irrtum von Seiten des Abschreibers anzusehen ist, der die Pluralpunkte statt auf ܥܠܝܗ, wohin sie eigentlich gehören, auf ܘܪܝܗ gesetzt hat.

4) In der Handschr. ist von diesem Worte nur der Anfangsbuchstabe ..ܥ" und der Endbuchstabe ..ܢ" genau zu erkennen; vielleicht sollte es ܥܡܝܢ heissen. Einen Anhaltspunkt für ܥܡܝܢ ܡܕܒܪ könnte man in den Acta Sanct. April. Tom III, Pag. 101—104 finden.

5) Hier fehlen zwei Silben und der Endreim: der Sinn des Verses ist hier allerdings nicht gestört; es ist aber kaum

anzunehmen, dass der Dichter hier den Reim nicht gesetzt hätte, da derselbe sich durch das ganze Gedicht hindurchzieht; es ist aber wahrscheinlich, dass der Abschreiber hier etwas weggelassen hatte.

6) Hier wurde das fehlende „ܣ‍" bei ‍ܡܘܐ ergänzt

7) Der Dichter will durch ‍ܚܠܦܐ ‍ܣܒܠ ein und dasselbe, nämlich die Vergänglichkeit und Nichtigkeit zum Ausdrucke bringen. Besser wäre die Reihenfolge ‍ܣܒܠ ‍ܚܠܦܐ: denn ‍ܣܒܠ würde dann eine Steigerung zu ‍ܚܠܦܐ bilden. Thatsächlich begegnen wir dieser Redewendung im Neuhebräischen und zwar in den Pirke Aboth, welche die genannte Reihenfolge aufweist. Dort findet sich folgende Stelle vor בן מאה 'וכבטל ועבר מת מאלו כ, die von Ewald also übersetzt wird: „Hat der Mensch hundert Jahre erreicht, so ist er gleichsam tot, schon hinübergegangen und der Welt entflohen." Nebenbei möge bemerkt werden, dass die Übersetzung des Wortes ובטל nach ihm sehr frei ist und entspricht durchaus nicht dem eigentlichen Sinne des Wortes. Der Targum Onkelos wiedergiebt לא ישבותו (Gen 8, 22) mit לא יבטלון: es wäre demnach richtiger ובטל in erster Bedeutung mit „aufhören" zu übersetzen und im weiteren Sinne mit „zerstören, auflösen." (Vergl. Pirke Aboth oder Sprüche der Väter, ein Traktat aus der Mischna C. V. v. Dr. Paulus Ewald).

8) Hier wurde für ‍ܟܒܣ, das fehlerhaft ist, ‍ܟܣܒ gesetzt.

9) ‍ܢܙܝ ‍ܡܚܝܠܬ kann unmöglich richtig sein, weil hier das Prädikat fehlen würde; meiner Ansicht nach liegt hier eine Verwechslung zwischen dem auslautenden „ܝ" und „ܪ" vor: wenn man jedoch das „ܝ" von ‍ܢܙܝ zu ‍ܡܚܝܠܬ und umgekehret das „ܪ" von ‍ܡܚܝܠܬ zu ‍ܢܙܝ setzen würde, dann könnte man letzteres als das Prädikat auffassen und der Text würde also lauten ‍ܡܚܝܠܬ ‍ܢܙܝܪ (das himmlische Heer winkte ihm u. s. w.).

10) Die Handschr. hat ‍ܚܣܟ ‍ܘܢܚ, es muss aber ‍ܚܣܝ ‍ܘܢܚ lauten.

Übersetzung zum I. Gedichte.

Ein anderes (Lied) des Lehrers Giwargis. Nach der Melodie: „Die Waffe des Geistes." Kommet und höret! Nicht in den heiligen Schriften, auch nicht in den Gleichnissen der Vorzeiten habe ich von einem Menschen gehört und gesehen, der solch schlechte und verabscheuungswürdige Thaten, wie ich, vollbracht hätte. Alle meine Gebeine nebst den Gliedern sind voller Geschwüre und bar bin ich von jeder Gottesfurcht[1]). Hier hat Gott des Alls eine Last und viel zu dulden mit mir; aber wehe mir in der Stunde, da meine Thaten und Fehler geprüft werden! Gross ist meine Thorheit und unermesslich sind die Fehler, die ich begangen habe und zu wenig sind die Gewässer des Meeres, die den Schmutz meines Wesens abwaschen könnten. Schlechter ist meine Zunge als das zweischneidige Schwert, denn durch diese habe ich in Folge von Verleumdung und Neid das Gute zerstört. Es giebt ja viele, die durch ihre Handlungsweise gesündigt und gefehlt haben, da sie aber um Gnade gefleht haben, fanden sie auch Gnade bei dem Herrn, der voller Gnade ist.

Adam, der nur ein Gebot übertreten hat, raffte der Tod hinweg, ich, der alle Gebote übertreten, werde eines Todes gleich ihm sterben und was soll ich zu meinem Richter sagen.

Kain, der mit der Ermordung seines Bruders angefangen hatte,[2]) erfasste ein Zittern und was soll ich, der eine Menge der Brüder getötet, zum Richter sagen und auf welche Weise

---

[1]) Wörtlich würde der Satz lauten: Und es ist nicht eine einzige Stelle in meinem Wesen, in der Gottesfurcht vorhanden wäre.

[2]) Der Dichter will wahrscheinlich damit auch anzeigen, dass Kain der erste war, der einen Mord begangen hatte, worauf ܝܐ hinweist.

3*

werde ich mich vor ihm verbergen können? Alle Frevelthaten, welche die Geschlechter vor „der Sintflut verübt haben, erreichen in keiner Weise die Ähnlichkeit der Vergehen und Sünden, die ich begangen habe. Die Söhne des Seth, die gesündigt haben, raffte die Flut hinweg und ertränkte[1]) sie; aber wehe mir, da der feurige Strom rauscht und ich in dessen Brodem versenkt werde. Die Sünde des Jerubaal ist als Andenken für die kommenden Geschlechter aufbewahrt, aber die Grösse meines Unrechtes, das sich in tausendfacher Gestalt [äussert], hat überhaupt im ganzen Weltenraum keine Grenze. Pharao, der sich gegen Gott empört hatte, ertrank im Meere[2]) und mich, der sich täglich empört, wird man in einen feurigen Schlund versenken.

Wegen eines Wortes, das die Tochter Amrams gesprochen, zog sie sich die Krätze zu und welche Strafe wird mir der Richter auferlegen[3]), da ich alle Schlechtigkeiten verübt habe. Denjenigen, der Holz am Sabbath gesammelt hatte, steinigte Israel, und womit werde ich, der die herrlichen Feste entweiht, mich vor deinem Richterstuhle rechtfertigen? Die Priester, welche sich um das heilige Feuer nicht bekümmert haben, verzehrte das Feuer und wodurch werde ich, der den heiligen Altar verunreinigt hatte, Gnade finden? Den Israeliten, der in Midjan gebuhlt hatte, tötete Pinēchas und wie viele Todesarten würden mir aus seinen Händen [gebühren], da ich an allen Orten gebuhlt habe? Akan, der gestohlen und den Bann übertreten, steinigte man und sein Vergehen ist unbedeutend, wenn man es mit meinen bösen und verwerflichen Thaten vergleichen würde. Chophni und Pinēchas, die das Heiligtum geschändet haben, fanden ihren Tod im Kriege und wie werde ich, der den Namen des lebendigen Gottes geschmäht hat, leben können? Der Priester Eli wurde verurteilt, weil er seine Söhne nicht zurechtgewiesen und womit werde ich, der seine bösen Triebe nicht gezügelt hat, mich am Tage des Gerichtes rechtfertigen? Goljath, der den Herrn

---

[1]) Wörtlich: erwürgte.

[2]) Wörtlich: erwürgte das Meer.

[3]) Wörtlich: und womit wird mich der Richter bekleiden.

Ṣêbaoth geschmäht, tötete David und wie werde ich, der den Namen des Sohnes David geschmäht, mich vor ihm verbergen können? Saul, der zwei Gebote übertreten hat, töteten seine eigenen Hände und ich, der alle Gebote übertreten, habe einen Mord an meiner Seele im Geheimen begangen. Achitophel erwürgte sich in Folge seines boshaften Rates und ich, der bösen Rat empfangen hat, gleiche ihm in meiner Handlungsweise. Absalon, der seinen Vater gekränkt hat, töteten seine Haare und ich, der den Liebling des Königs gekränkt hat, werde eines Todes gleich ihm sterben. Fern sei es dir, dass du mich unter den Seinigen zählest, die du als Diener deines Hauses liebst! Achab, der den Baäl und das Kalb verehrt und das Gesetz verletzt hat, setzte das Volk an die Spitze der Verwünschungen und ich habe gleich ihm gehandelt. Isebel, welche den gerechten Naboth getötet hat, frassen die Hunde und ich bin schlechter als sie: denn ich habe meine Glieder durch Frevel und Sünde zersetzt. Gèchâzi der lüstern war und Silber angenommen hat, verfluchte Elischa. Wehe mir, der ich es mehr als Gèchâzi geliebt und geschätzt habe! Zwei Alte zu Susa, welche lüstern waren, haben falsches Zeugnis abgelegt und empfingen Todesstrafe, wie Ehebrecher. und ich habe ihnen gleich gehandelt. Die Könige, welche die heilige Stadt entwurzelt haben, sind mir nicht zu vergleichen, da ich den Tempel des Herrn und dessen Herrlichkeit durch das Werk des Unrechtes, das ich in demselben verübt, zu Grunde gerichtet habe. Judas, der den Herrn um Silberlinge verkauft hat, ist mir nicht gleich, der ich während meines ganzen Lebens den Namen des barmherzigen Gottes erzürnt habe. Grösser ist die Frevelthat, die ich begangen habe, als die der Kreuziger und mit ihnen muss ich vor ihm, dem Sohne des lebendigen Gottes mich 'zu Gericht] stellen. Wozu mühe ich mich ab mit dem Erzählen der Schlechtigkeiten vergangener Geschlechter, da ich doch durch das Erzählen der Frevelthaten vom Sündigen nicht ablasse? Ich habe gehört, dass der gesalbte König mit seinen Engeln erscheinen, die Guten mit sich führen und die Bösen in der Hölle lassen werde, woselbst sie geplagt werden.

Ich habe gehört, dass er seinen Dienern befohlen, das
Unkraut, welches schlechten Samen zwischen den auserlesenen
Weizenkörnern aussäet, auszujäten. Ich habe gehört, dass
die Pforte des Himmelreichs vor den Sündern geschlossen
sei, und wenn sie noch so sehr pochen, erhört sie nicht die
Gerechtigkeit. Ich habe gehört sagen, dass ein gewaltiger
Abgrund auf jener Welt sei, der die Gerechten von den Un-
gerechten sondert, damit sie untereinander nicht vermengt
werden. Ich habe gehört sagen, dass nicht jedermann, der
da zu meinem Herrn, o mein Herr, o mein Herr ruft! geht
hinein in das Himmelreich und nimmt am jüngsten Tage, da
das Reich verteilt wird, von demselben Besitz. Ich habe
gehört, dass derjenige Diener, der den Willen seines Herrn
kennt und ihn nicht thut, wie es sein Wunsch ist, ver-
schlingt viele Prügel. Ich habe gehört, dass der Verleum-
der in der Gruft (unterirdische Hölle) und seine Helfer in
der Hölle sich befinden, wo sie heftig ohne Schonung geplagt werden.

Ich habe gehört, dass der Weg zur Gruft, weit und
sehr geräumig sei und zahlreich seien diejenigen, die auf
demselben zu jener ewigen Qual wandern. Ich habe gehört,
dass die Pforte, welche zum Himmelreich führt, eng sei
und nur sehr wenige seien diejenigen, welche jener unvergänglichen Freude teilhaftig werden. Ich habe gehört, dass
jener Richter eine Wurfschaufel in seiner Hand halte, mit
welcher er die Guten von den Bösen mit Umsicht sondert,
damit sie sich nicht vermengen. Ich habe gehört, dass in
der Hölle ein grosses Jammern und Zähneknirschen sei
und dort werden alle Schlechten, welche gesündigt und zur
Sünde veranlasst haben, wie ich Unglücklicher, gequält.
Ich habe gehört, dass Feuer und Gewürm beisammen in der
Hölle seien und damit wird derjenige, der gefehlt hat, ohne
Erbarmen und ohne Schonung gerichtet. Ich habe von ihm
gehört, dass jedermann vermöge seiner Führung belohnt
werde und derjenige, der ohne Gesetz war, wird, wie ein
Gesetzloser beim Gerichte des gesalbten Herrn behandelt.
Ich habe gehört, dass der Sohn der Verderbnis am Ende

kommen und dass er irren und beirren werde die Kinder
Adams, damit sie mit ihm in die Hölle gehen.

Es war nicht allein, dass ich gehört und mich (von der
Sünde) nicht zurückgehalten habe, sondern ich habe auch alle
Satzungen gelesen und habe sie in gleicher Weise nicht be-
achtet. Ich habe in den Bundesschriften Gottes des Alls
gelesen und ich liess mich durch die Anordnung der vortrefflichen Ordner[1]) nicht bestimmen. Ich habe in der Lehre
der fünf Bücher, welche Moses geschrieben, gelesen und
reinigte in keiner Weise meine fünf Sinne von den Verirrungen
der Sünde. Ich habe wieder in Job, über jenen gerechten
Mann der Leiden gelesen und ich wollte nicht Seelen-
schmerzen ob meiner bitteren Thorheiten erdulden. Ich
habe in dem Buche der Richter, die Israel eine kurze Zeit
gerichtet haben, gelesen und dachte über das zukünftige
Gericht nicht nach, obgleich meine Schuld grenzenlos ist. Ich
habe wieder über David und Jonathan, die wahrhaften Freunde
gelesen und ahmte keineswegs ihrer reinen und aufrichtigen
Eintracht nach. Ich habe auch über Saul und jenen Dämon,
den Feind Davids, gelesen und mein Leib wurde von dem
nutzlosen und vergebenen Hasse nicht gereinigt. Ich habe
wieder über Ammon, jenen Buhler, der sein Leben ver-
wirkt hat, gelesen und zähmte mich nicht vom listigen Stehlen
des Brodes, das nicht mir gehört. Ich habe in den hundert
und fünfzig Psalmen gelesen, welche David gesungen hat, und
wollte nicht dem Herrn ein Loblied singen, der mich geschaffen und aus Staub gebildet hat. Ich habe in den Weis-
heits- und Gleichnisbüchern, sowie in den Schriften der
Könige gelesen und habe keine Belehrung aus ihren reinen
Worten empfangen. Ich habe wieder über Elijahu und Elischa,
den geistigen Propheten gelesen und meine Seele staunte
nicht über das, was ich an Lebenden und Toten offen verübt habe. Ich habe in den zwölf Propheten des Herrn gelesen, die die Geheimnisse erforscht haben und meine zwölf

---

[1]) Vielleicht sind unter ܩܒܘ̈ܠܐ die Apostel, die Ordner des neuen
Testamentes, zu verstehen.

innern und äussern Sinne (Bewegungen) wurden untereinander nicht beruhigt. Ich habe in Jeremia, der vom Mutterleibe aus geheiligt wurde, gelesen, und ich ward weder an Körper noch an Seele ganz und gar geheiligt Ich habe in Ezechiel, über seinen Wagen und seine Visionen gelesen und fügte mich nicht unter das Joch der Gesetze des Herrn Sebaoth. Ich habe über Daniel und in seinen Schriften und über die Deutung seiner Träume gelesen und ich wurde in meiner Wildheit nicht beruhigt: ich hasste Glück und Frieden. Ich habe über Hananja, Mischaël und Azarja gelesen und das verborgene Feuer der in meinen Gliedern versteckten Leidenschaft kühlte sich nicht ab. Ich habe über Judith und Ezra, dem Schreiber, und über Mordechai und Esther gelesen und ich ward durch die vorzüglichen Erzählungen auch nicht im Geringsten gebessert. Ich habe über die Rückkehr (aus dem Exile), über die Erbauung des Hauses und über die Makabaeer gelesen und wandte mich keineswegs von den Schlechtigkeiten ab, von denen ich umgarnt wurde. Es war nicht allein, dass ich gehört oder gelesen, sondern ich habe auch die That geschen und von alledem wurde ich nicht gebessert. Ich habe reiche (Leute) gesehen, die gehungert und gedürstet haben, und ich liess mich von der nutzlosen Überhebung und Einbildung nicht herab.

Ich habe wieder Könige und Grosskönige gesehen, die verachtet waren und ich verachtete mich nicht, der ich der niedrigste Staub aller Menschen bin. Ich habe Kaufleute und Begüterte gesehen, welche Geliehenes empfangen und es verzehrt haben und ich nahm keine Zucht an, damit sich die Barmherzigkeit gegen den Bemitleidenswerten vermehre.[1]) Ich habe Helden gesehen, welche für die Welt und aus Liebe zu ihr gestorben sind und ich beachtete die Kürze meines Lebens nicht, dass ich Busse gethan und mich (von der Sünde) abgewendet hätte, wie es sich geziemen würde. Ich habe Lehrer und Erforscher der Geheimnisse gesehen, die

---

zur Erde zurückgekehrt sind und ich kehrte keineswegs auch
nicht im Geringsten vom Schlechten zum Guten zurück. Ich
habe Greise und Diener (Episkopen und Diakonen) gesehen,
die plötzlich gefallen sind und ich richtete mich vom Sünden-
falle nicht auf. Ich habe Vorsteher der heiligen Kirche gesehen, welche zur Erde hinabgestiegen sind und ich wollte
mich nicht selbst richten, um von meinen Vergehungen ab-
zulassen und am Leben zu bleiben.

Ich habe Unzüchtige gesehen, die sich von ihrer Un-
flätigkeit gereinigt haben und meine Seele wollte sich von
der Befleecktheit des Schmutzes nicht reinigen. Ich habe
Ehebrecher gesehen, die sich durch Busse gereinigt haben
und ich trug kein Verlangen ein reines und schönes Gefäss
für dein Reich zu werden. Ich habe Ungerechte gesehen,
die wieder gerecht wurden und Gnade wurde ihnen zuteil,
aber mir kam es nicht in den Sinn ein wenig auf Besserung
meiner Thaten zu achten. Ich habe Sünder gesehen, die sich
dem Pfade der Busse zugewendet haben, aber niemals er-
wachte in mir die Regung, die zu einer aufrichtigen Busse
geeignet wäre. Ich habe wieder Zöllner und Buhldirnen gesehen, die ihre Unbillen gelassen und sich der Besserung
genähert haben und fanden Barmherzigkeit und Absolution
bei jenem Herrn, der voll Barmherzigkeit ist. Dieses habe
ich gehört, jenes habe ich gelesen und dieses wieder gesehen
und nichtig waren alle meine früheren und späteren An-
strengungen, um die ich mich abgemüht habe. Was soll ich
vor dem Todesengel beginnen, der sich weder durch Be-
stechung noch durch Flehen der Bittenden, die ihn zu über-
reden suchen, bestimmen lässt?

Was werde ich thun, wenn der Engel zum Hinausgehen
drängen wird und wie werde ich im Stande sein, ihn ein
wenig aufzuhalten, um Mitleid und Barmherzigkeit zu erflehen?
Was werde ich thun, so mich plötzlich ein Zittern befällt
und die Seele sich von ihrem Paare (Körper) trennt, da ich
Unglücklicher (meine Sünden) noch nicht bereut habe? Was
werde ich thun in der Stunde des Todes, da ich nicht gereinigt bin und auf welche Weise werde ich mich vor der

zukünftigen Hölle retten können? Was werde ich thun, so
die Sonne und der Mond sich verdunkeln, die Sterne herab-
stürzen, die Winde aufhören und die Wolken nebst Regen
schwinden werden? Was werde ich thun, so die Mühlen
aufhören, die Pupillen der Augen und die Lichtfenster durch
dichten Nebel sich verdunkeln? Was werde ich thun, so ich
sehe, dass das All zerstört, nichtig und Eitelkeit der Eitelkeit
wird, sowie der Weise geschrieben hat? Was werde ich
thun, wenn die himmlischen Scharen erbeben und das Zeichen
des Gottes Sohnes unter grossen Lobpreisungen, die ohne
Ende währen, gesehen wird? Was werde ich thun, wenn der
Oberste der Engel ausgeschickt werden wird, um die Auserlesenen unseres Herrn von allen Seiten in das Reich zu
versammeln? Was werde ich thun, wenn ich die Posaunen
verkünden höre: Sieh' da! Der himmlische Bräutigam erscheint
unter Lobpreisungen: kommet, lasst uns in Eile ihm entgegen-
ziehen! Was werde ich thun, wenn ich sehe, dass unser
Herr auf seinem Throne sitzet, prüfet und richtet Lebende
und Tote in gleicher Weise? Was werde ich thun, wenn ich
sehe die Gerechten, die strebsam waren, dass sie in das
Himmelreich mit ihren Fackeln einziehen und es in Besitz
nehmen, da sie sich redlich aufgeführt haben?

Was werde ich thun, wenn ich die Thoren meines gleichen
sehe, dass sich das Licht ihrer Fackeln verdunkelt und sie
auf der Erde in der Finsternis bleiben? Was werde ich thun,
so die Gerechten in den Himmel eilends fortgeführt werden
und ich wie das Unkraut auf der verfluchten Erde zum Ver-
brennen zurückbleibe? Was werde ich thun, wenn die letzte
Posaune erschallt, welche die Toten belebt? Denn die Gruft
ist mein Erbe und die Hölle mein Anteil; mein Vater und
meine Mutter sind der Wurm und die Made. Was werde
ich thun, wenn ich entblösst dastehe und wie ein Verbrecher
von dem, der das All in Gerechtigkeit richtet, verurteilt werde?

Wer vermag den Tag des Herrn des Allmächtigen zu
ertragen, dessen Morgen Jähzorn, dessen Mittag Grimm und
dessen Abend Heftigkeit über Leute meines gleichen ist. O
wehe, ob des bösen Triebes, den ich mir mit dem Tage

meiner Geburt angeeignet habe, der aber durch dies alles,
obgleich es doch so hart und schrecklich ist, nicht bezwungen
werden konnte! O wehe, ob des steinernen Herzens, das ich
mir vom Beginne an angeeignet habe, das aber durch das
Hören dieser Dinge, obgleich sie doch so furchtbar und
schrecklich sind, nicht erweicht werden konnte! O wäre ich
nie aus dem Mutterleibe an dieses Tageslicht getreten, denn
nachdem ich zur Welt gekommen bin, entstand Finsternis in
meinen Bewegungen, Regungen und Gliedern! Wehe mir in
der Stunde, da ich das Angesicht des Bräutigams, das erzürnt
und finster ist, schauen muss und mir gegenüber jener grosse
und bittere Schrecken sich befindet! Wehe mir in der Stunde,
da die Stimme des Gottes Sohnes ertönt und sondert die
rechten und linken¹) Völker durch seinen Befehl von einander!
Wehe mir in der Stunde, da die Gerechten in das Himmelreich hinaufsteigen und die Schlechten in der Hölle verbleiben
und ich bleibe mit ihnen! Wehe mir in der Stunde, da die
Gesegneten in das erleuchtete Paradies hineingehen und die
Verfluchten der Hölle verfallen, welche für die Sünder aufbewahrt ist! Wehe mir in der Stunde, da die Gerechten zu
jener Freude schreiten, die nicht wieder verschwindet und
sich nicht verringert: ich aber stehe von der Ferne und
werde in der Hölle verbrannt! Wehe mir in der Stunde, da
das Lob des Gottes Sohnes aufsteigt und es zittert die Erde,
es bebt die Welt und es lagert ein Schrecken über die
Schöpfung und was werde ich dort thun! Wehe mir in der
Stunde, da die Toten den Gräbern entsteigen und mit süssen
Stimmen das Lob zu dem, der ihre Körper erwecket, auf-
steigen lassen! Wehe mir in der Stunde, da man mich in
jene Finsternis bringt, der es eigen ist, sich zu verdunkeln,
aber nicht zu erhellen!

O wehe! was habe ich mir selbst angethan? Wehe mir
in jener Zeit, da die Engel Auslese halten und mich zur
Schar der Dämonen hinabstürzen, dass ich in das nie zu

---

¹) ܠܡܐ܏ und ܠܡܐ܏ ist hier wahrscheinlich im Sinne von gut
und böse zunehmen.

erlöschende Feuer falle! Wehe mir, ob des Feuers, das
nicht erlischt und welches die Eigenschaft hat zu brennen,
aber nicht zu erhellen jenen grossen und heftigen Schrecken!
Wehe mir, ob jenes schwarzen Feuers und ob jenes Ortes
der Thränen und des Jammers und des heftigen Zähne-
knirschens! O schone Barmherziger, die Glieder, welche
deine Hände gebildet haben und erlöse sie von der Unter-
drückung der hartnäckigen Verleumdungen! Mache mich
würdig deinem Willem gemäss, o Sohn der Gnade, Busse
thun zu können und lass mich, durch deine Barmherzigkeit,
eines geringen Teiles deiner Güte, an der kein Mangel ist,
teilhaftig werden! Lass dein Licht, Herr des Alls, in meinem
Geiste leuchten, damit der Feind dein schönes Licht sehe
und umkehre und fliehe nach seinem Ort! Du bist es, der
den Daniel aus der Grube, Jona aus den Eingeweiden des
Fisches und die Knaben aus dem Ofen gerettet hat, rette
auch mich vom Bösen und dessen Gewalt und wenn wahrlich
deine Barmherzigkeit dich nicht bestimmen würde, dann wäre
ich ob meiner Sünden und Fehler jetzt und in Ewigkeit ver-
dammt. O Messias, der du die Sünder umsonst gerecht
machst, mache auch mich gerecht! Erlöse auch mich und
erbarme dich meiner!

Übersetzung zum III. Gedichte.

Ein anderes (Lied) über Georg. Nach der Melodie:
„Heil dir Busen!" Lobet, lobet ihn meine Brüder, rühmet,
preiset und bringet Früchte des Dankes dem heiligen Namen
des Herrn dar, der erschienen ist und durch seine Offen-
barung die Völker erfreut hat! [1] Die Pforten seiner Gaben
sind für jedermann geöffnet: denn er bereichert umsonst und
uns bedachte [2] er mit einem ausgezeichneten Mann, welchen

---

[1] Der folgende Vers ist unverständlich, weshalb ich ihn nicht
übersetze. [2] Vergl. zum Aphel von ‎ܡܝܐ‎ Castellus syr. Wörterbuch.

er mit Geist gesalbt und dessen Name durch Lobpreisungen verherrlicht wird und zu allen Zeiten wird seine Gemeinde berühmt sein. ⁜ Welcher Mund, welche Zunge vermag den Sieg des vortrefflichen, seligen und frommen Märtyrers Georg zu erzählen! ⁜ Er betrachtete das Vergängliche dieser Welt mit Einsicht und Verstand; er wies zurück und hasste den Mammon, dagegen liebte er den unvergänglichen Reichtum. ⸰ Mit reinem Herzen und freiem Willen verteilte er Vermögen und Besitz; er ging und stellte sich hin zum Streite wider den König Dadjanus. ⸰ Er kniete während des Gebetes und rief den himmlischen König an, dass er ihm die Macht seiner Hülfe verleihe, damit er den irdischen König besiege. ⸰ Der Märtyrer flehte laut unter Thränen des Schmerzes, bevor er sich dem Kampfe unterzogen hatte. „Erhöre, mein Herr, deinen schwachen Diener, dass er durch deine Kraft den bösen Trieb besiege!" ⸰ Der Märtyrer hatte sein Gebet vollendet und empfing die Erwiderung seiner Bitten; beherzte und stützte seine Genossen, besiegte den König und sein Heer. ⁇ „Dadjanus!" Du wirst dich nicht mehr verherrlichen und deinen Herrn, der die Höhen und Tiefen geschaffen und die Schöpfung durch seine Kraft vollendet hatte, nicht mehr schmähen.

⁇ Du erregtest Staunen für jeden Bewunderer: deine Einsicht ward aber geblendet und vor deinem Schöpfer mögest du dich schämen, da du die tauben Götzen verehrst. ⸰ Du warst, wie das Thier, das nicht versteht und nicht einsichtig ist; denn vor Zeus und Apollo hast du in Furcht und Zittern dein Knie gebeugt. ⸰ Lass ab von deiner Bosheit und von deinem Zorne gegen das christliche Volk und werde gedemütigt vor dem Gnädigen, dass du Barmherzigkeit und Gnade findest. ⸰ Als er dieses gesagt hatte, da nahm er wahr die Hinterlist, die aus seinem Herzen quoll, und er (König) befahl, dass man ihn durch Schläge zur Rechenschaft ziehe und jene sollen durch seine Missgunst verzehrt werden.

⸰ Als die Versammlungen gekommen waren und zugleich auch die christliche in einer Schar erschienen war, da befahl der König, erfüllt von Raserei, dass man sie mit aller

Art Schläge quäle. ꝗ Der Siegreiche bereitete sich vor zum Opfer für den gesalbten König und beschämte den aufrührerischen König und seine Krone achtete er gleich dem Staube. Es geziemt dir gezüchtiger König, die milde Wahrheit zu erkennen: denn unser Glaube ist ganz vortrefflich und besteht in der Verehrung des Vaters, des Sohnes und des heil. Geistes. Ꝓ Sieh und beachte alle, die da versammelt sind! Diese verachten den Tod und auf ein neues Leben hoffend, vor deinen Drohungen nicht zurückschrecken. Ꝓ Der König sah ihn zornig an und gab Befehl, dass man ihn heftig schlage und rasch wurden eiserne Nägel mit Erbitterung in ihn hineingebohrt. ꝗ Er bereitete ihm das Haus einer Witwe Asculestika, einer Gläubigen vor; es war ein Kerker für Gefangene und eine Wohnstätte der Dürftigkeit. ꝗ Der Selige verlangte Speise von diesem armen Weibe: sie beteuerte und schwur bei ihrem Glauben: „Ich besitze keine Speise." ꝓ Der Selige gab seine Seele um diese Zeit dem Gebete hin. Ein Baum sprosste hervor in ihrem Hause und der gab ihr himmlisches Brot. ꝓ Wieder gab er der Witwe ein deutliches Wunderzeichen, wie eine Erscheinung. Da verlangte sie Heilung für ihren Sohn, dass er wieder von der Taubheit befreit werde. ꝝ Als der Selige die Mutter des Knaben sah, dass sie ihn anbete, legte er seine Hand auf dessen Auge, öffnete es und sagte: „Nun genügt es ihm." ꝝ Als er die Augen des Knaben geöffnet hatte, betete der ausgezeichnete Märtyrer und es quoll aus dem trocknen Boden Wasser hervor: er trank und pries den Schöpfer. ꝟ Am nächsten Tage in der Morgenstunde verkündete ein Herold und eine Posaune, dass Georg, der vortreffliche Mann, die Verehrung dem Götzen entgegenbringe. ꝟ Die Angelegenheit drang bis zur Witwe: sie nahm ihren Sohn auf die Schulter und lief weinend dem Seligen nach und sprach also: ꞷ „Was ist das, das ich heute über dich vernommen habe?" O Glückseliger! Schon bist du im Kampfe ermüdet! ꞷ O Lehrer! dessen Wort Leben ist, der die Augen der Geblendeten geöffnet, fern sei es dir, deine Pflicht zu vergessen und den Götzen zu verehren! ꝗ Sie haben eiserne Nägel in

dich hineingebohrt und dich mit flackerndem Feuer gebrannt
und du würdest denjenigen, der dich ohne Mühe zum Leben
gebracht, verlassen und den Apollo verehren? ܕ Da ent-
brannte der Eifer in seinem Herzen und er rief den Knaben
und dessen Mutter, heilte ihn von seiner Krankheit, öffnete
sein Ohr und (löste) seine Zunge. ܨ Er vollbrachte Kräfte
und Wunderthaten, trank auch tödliches Gift und offenbarte
das Geheimnis der Taubheit. ܚ Er ertrug einen qualvollen
Tod auch Kämme und alle Arten Zerfleischungen, schmückte
eine Königin mit allen Schönheiten und sie erkannte Gott der
Götter. ܛ Die Schutzengel im Himmel staunten und wun-
derten sich, wie er sich den Qualen preisgegeben hatte und
am vierten Tage der Woche im Monate Adar ertrug und
erduldete er alle Versuchungen. ܛ Unter grausamen Zerfleischungen liess er ihn mit Wildheit in eine Grube werfen.
Unser Herr aber mit seinen Engelschaaren versprach dem
Märtyrer die ewigen Güter. ܝ Er öffnete die verborgenen
Gräber der Menschen, der Knaben, der Weiber und der
Männer der vergangenen Geschlechter. ܝ Der König ver-
weilte in Staunen und blickte mit Zorn auf sein Angesicht
und schwur im Namen der Gottheit: „Heute wirst du ohne
Wiederrufung sterben." ܟ Der Märtyrer vernahm den
Ausspruch aus dem Munde des Königs in der Weise, wie er
es ihm gesagt hatte und nun wusste er, dass sein Kampf
heraunahe und er [der König] befahl, dass man ihn durchs
Schwert kröne. ܟ Ein feuriges Kreuz hielt Georg während
seines Todes in der Hand, breitete aus seine Hände beim Gebete
und also sprach er in seinem Flehen: ܠ „Vor dir, mein
Gott, beuge ich mich und verlange ich Gnade für jedes
Haus, jede Burg und Stadt, die das Andenken deines Knech-
tes feiern. ܡ Entferne von ihnen Hagelwolken, Hungersnot
und schauervolle Pest; vermehre zugleich ihre Früchte und
vervielfache ihnen das unvergängliche Gut! ܢ Träufle deinen
Thau auf ihre Felder und vermehre die Früchte ihres Erd-
reichs; verbreite deinen Frieden unter ihnen und segne das
Junge ihres Viehes! ܢ Vertreibe die Zugheuschrecke von
allen Früchten, den Hagel, die ungeflügelte Heuschrecke und

die Grille; behüte die Knaben und Mädchen vor tückischen Fallschlingen! ҂ Vereinige die Priester durch Eintracht, züchtige den König in Güte, vermehre die Nachkommen der getauften Söhne! Höre, mein Herr, auf die Stimme der Unfruchtbaren, gieb ihnen Söhne und Töchter und behüte sie durch das Gebet des Gebenedeiten vor Aufruhr! ҂ Öffne die Pforten deiner Barmherzigkeit zu allen Zeiten, denen, die stets deinen Namen anrufen und rette sie vor jedem Ungemach! Denn du bist ja die Ursache alles Guten. ҂ Dank sei deinem Namen, gütiger Herr, der du dir einen vortrefflichen Märtyrer auserlesen und ihn zu deinem Aufenthaltsorte erkoren hast, damit er uns als Anwalt diene und deine vollkommene Liebe überrede, dass wir in jenen Hallen, die im Himmel sind, mit deinem auserlesenen Volke vereinigt werden! Lasst uns rufen und sprechen halleluja!

Druck von Max Schmersow vorm. Zahn & Baendel, Kirchhain N.-L.

Lebenslauf.

—

Ich, Isak Folkmann, mos. Confession, geboren am 14. Juli 1858 in Szczawnik, Bezirk Neusandez, Galizien, wo meine Eltern, Jakob Folkmann, gewesener Kaufmann und Zlate, geborene Bressmann gewohnt haben, widmete mich frühzeitig dem Talmudstudium und besuchte die Talmudschulen zu Kaschau, Papa und Prag, in letzterer Stadt vom Jahre 1884 bis 1893, woselbst ich vom Jahre 1886 bis 1890 die k. k. deutsche Lehrerbildungsanstalt für Volksschulen besucht und mich im Jahre 1890 der Reifeprüfung mit Erfolg unterzogen habe.

Darauf hörte ich an der deutschen Universität zu Prag die Vorlesungen der Herren Professoren Grünert und Gerber über semitische Philologie, ferner hörte ich die Vorlesungen der Herren Professoren Jodl und Willmann über Philosophie sowie deutsche Literatur bei Herrn Prof. Sauer.

Im Herbste 1893 begab ich mich nach Berlin, um daselbst meine orientalischen Studien fortzusetzen. In Berlin hörte ich die syrischen, arabischen und hebräischen Vorlesungen der Herrn Prof. Abel, Bart, Kleinert, Sachau und Strack, Philosophie bei den Herren Prof. Zeller, Paulsen und von Gizcky.

Im Sommersemester 1895 begab ich mich nach Erlangen, woselbst ich die orientalischen Vorlesungen bei Herrn Prof. Abel, Philosophie bei Herrn Prof. Falkenberg und deutsche Literatur bei Herrn Prof. Steinmayer besucht habe.

Ihnen allen bin ich zum besondern Danke verpflichtet.

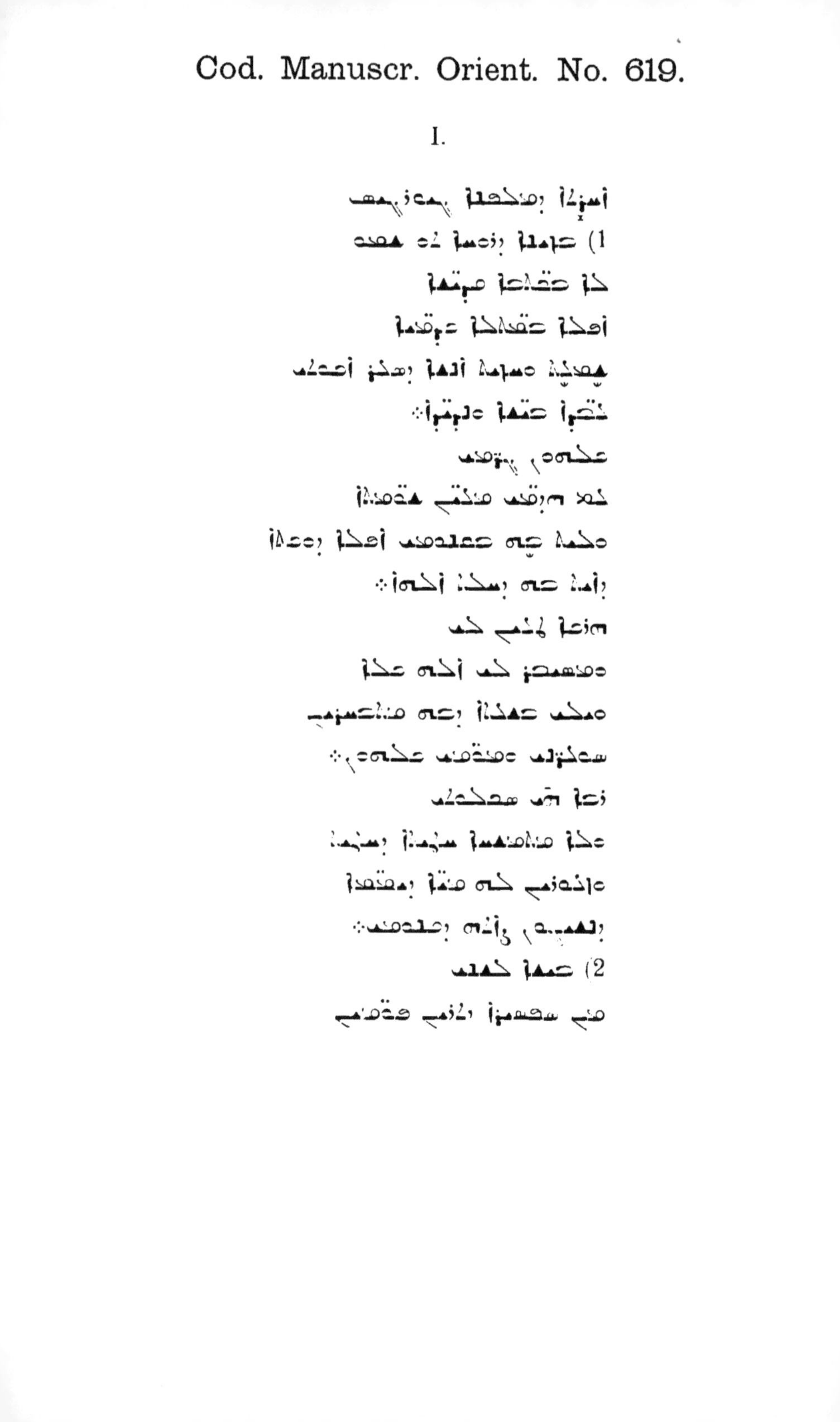

I.

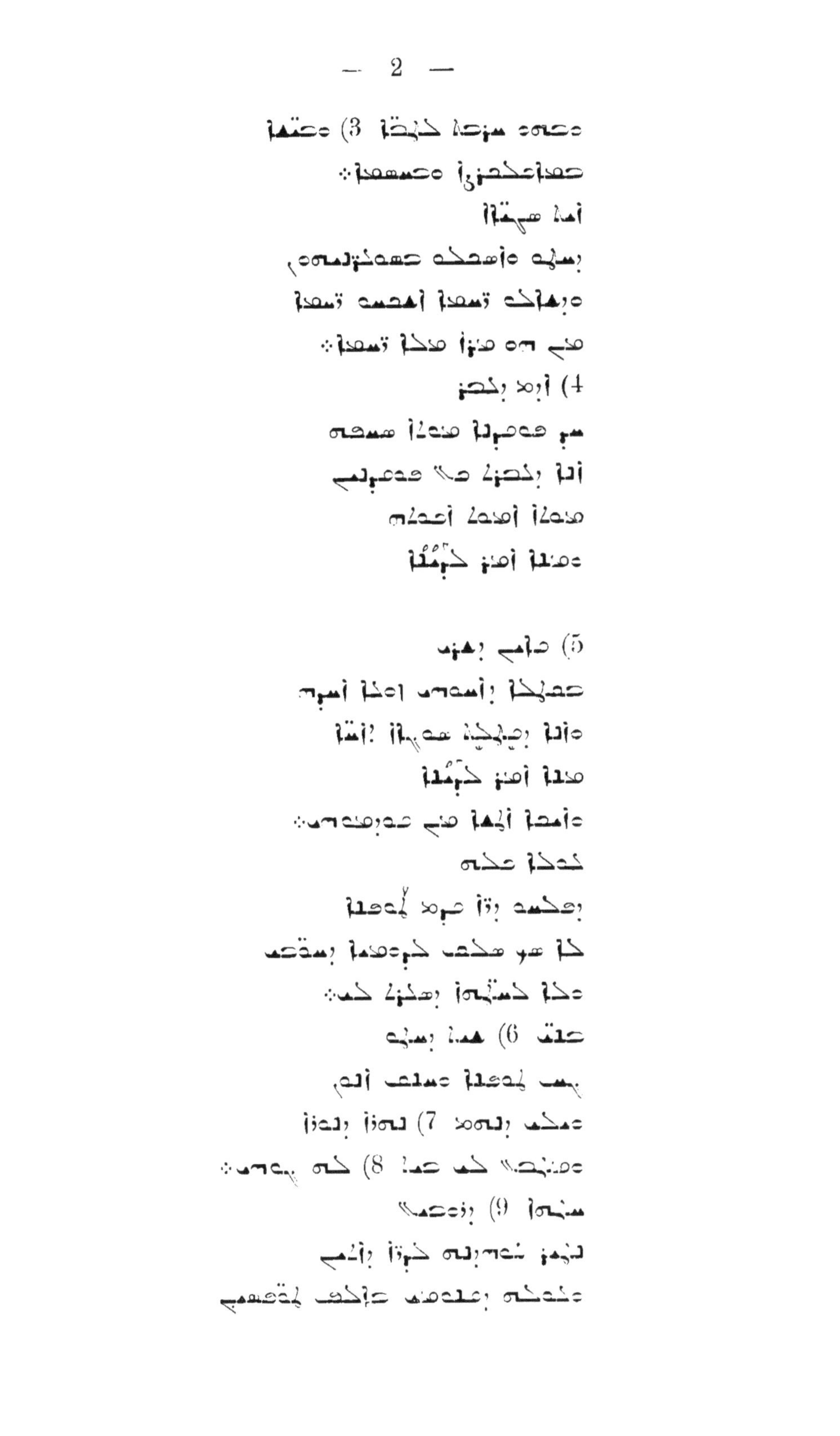

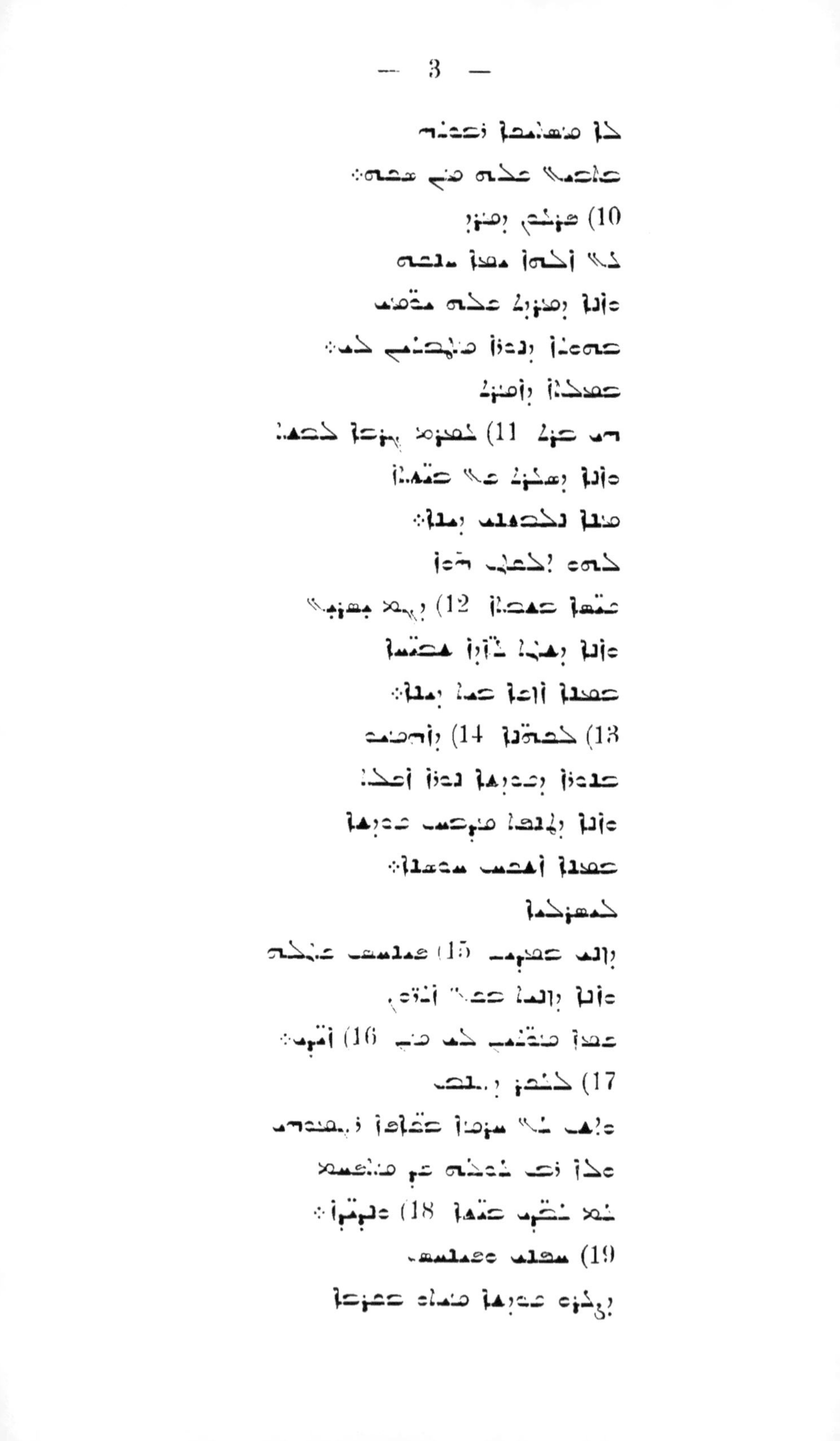

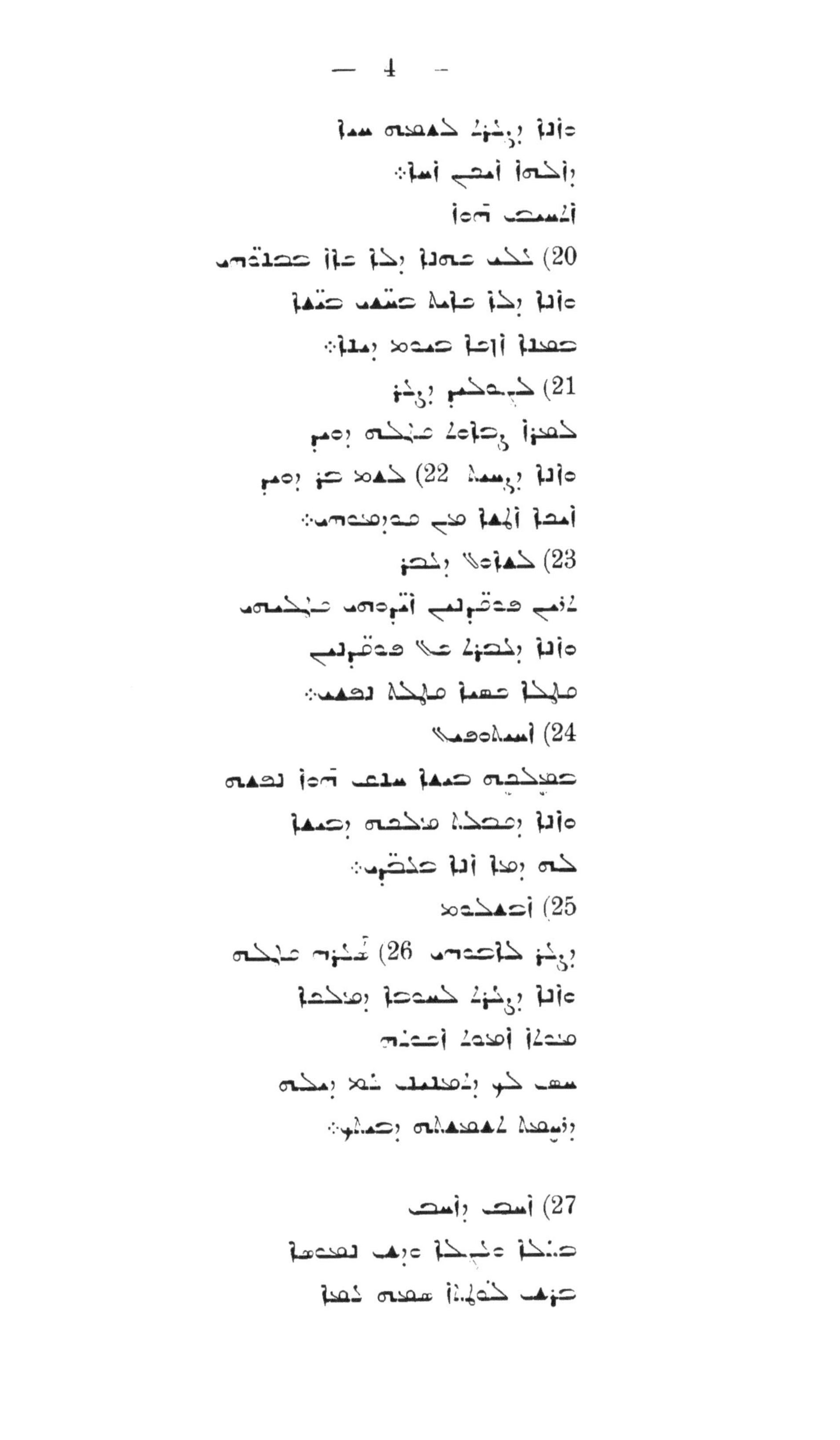

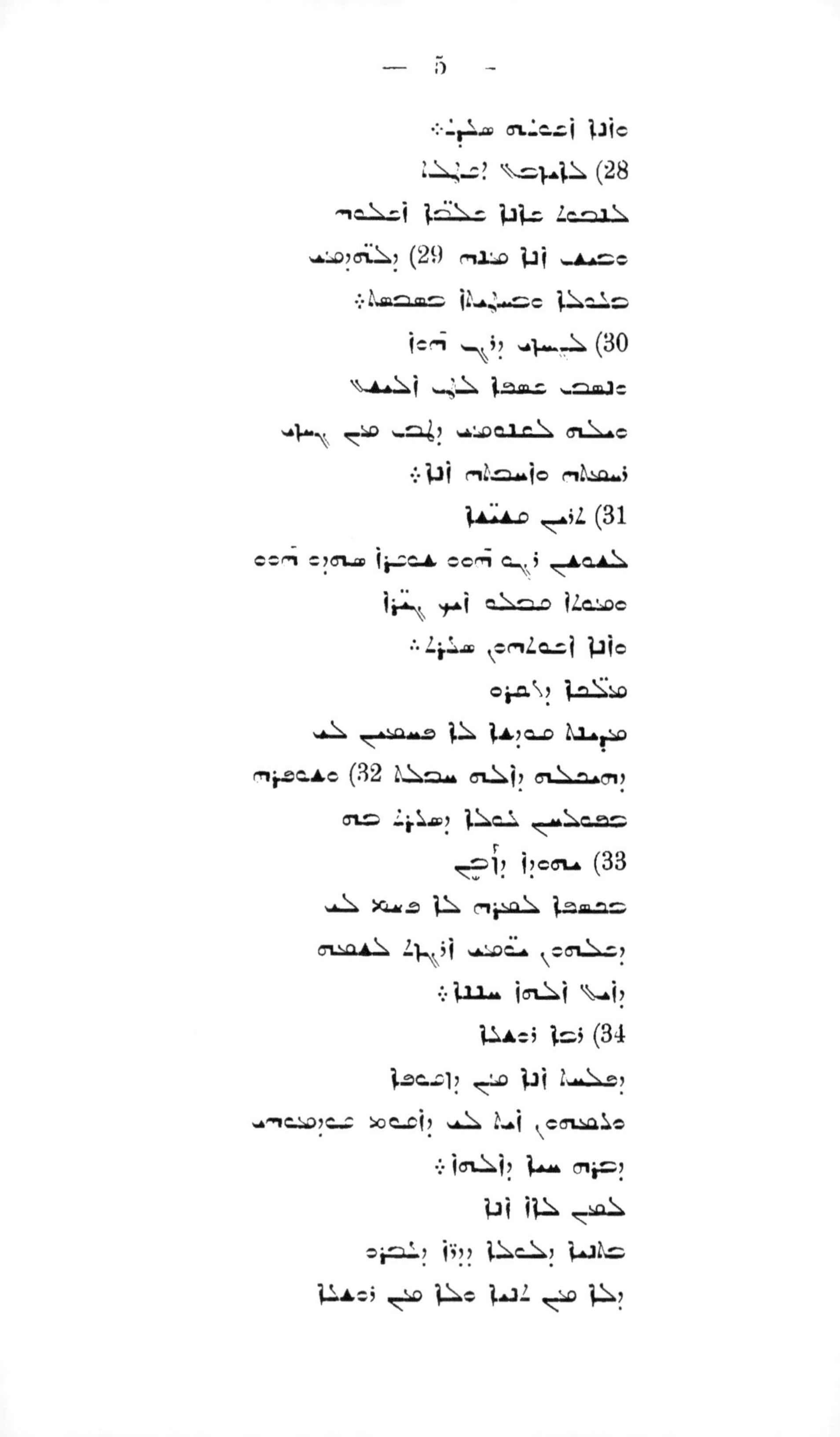

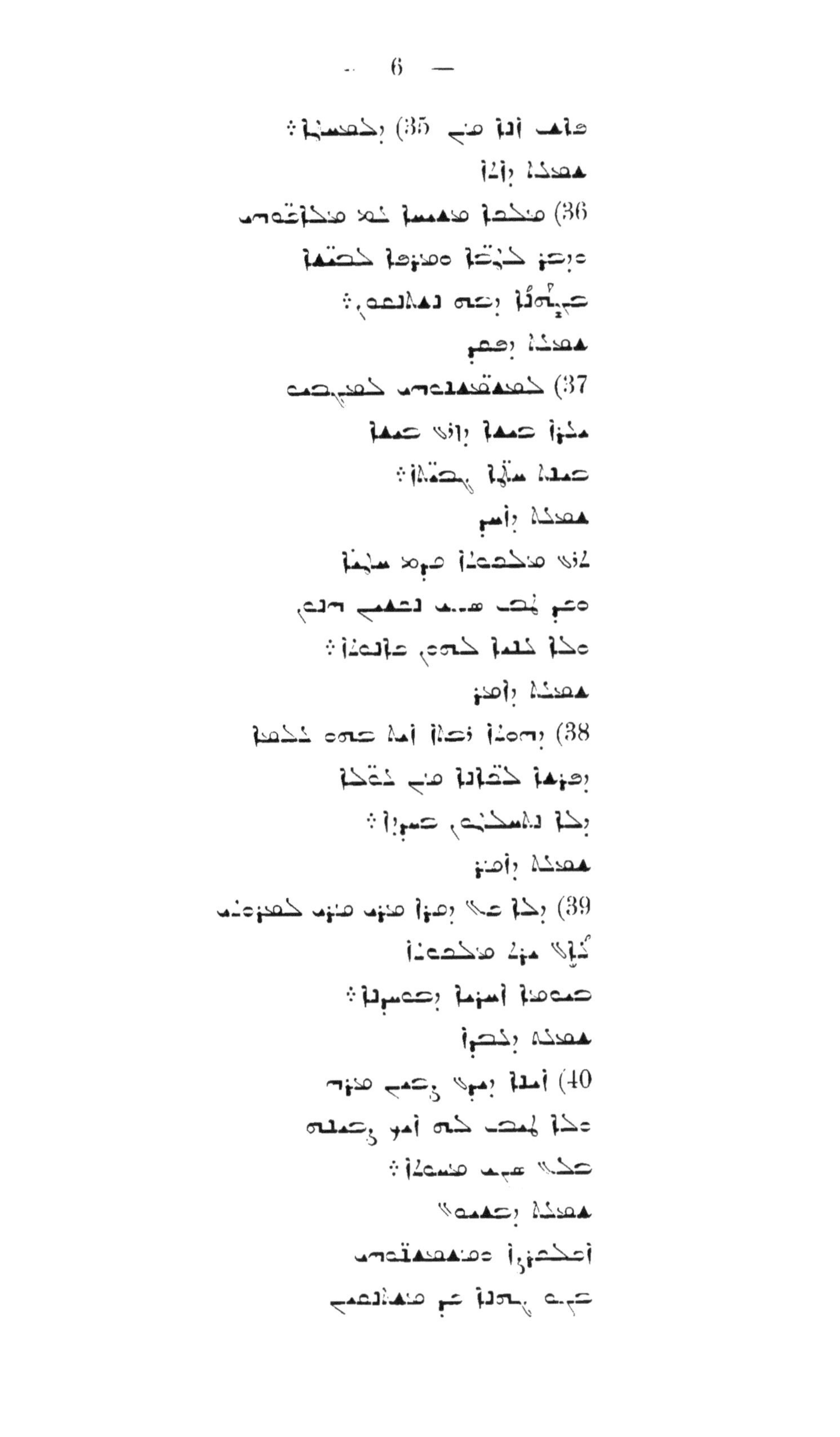

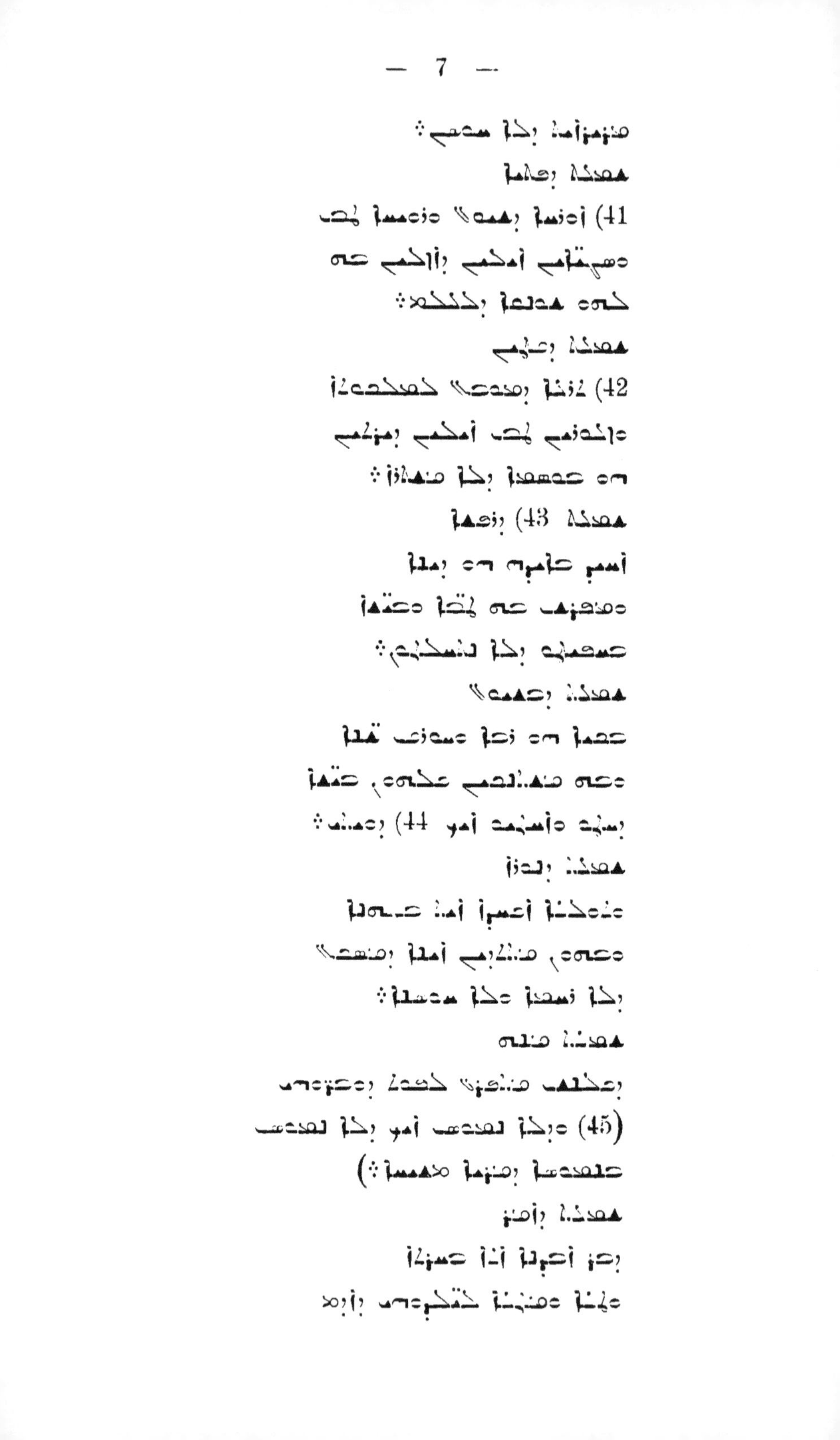

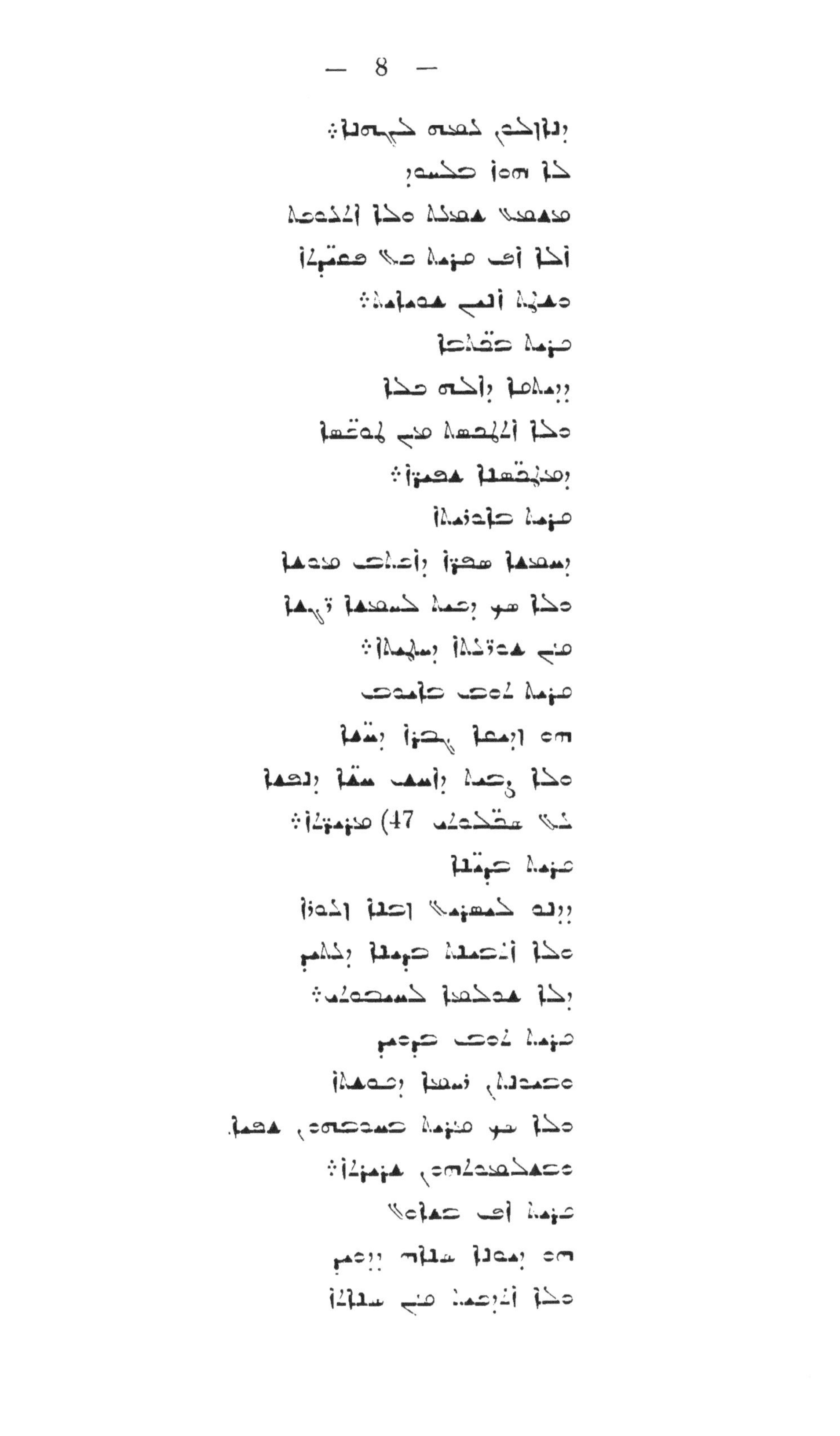

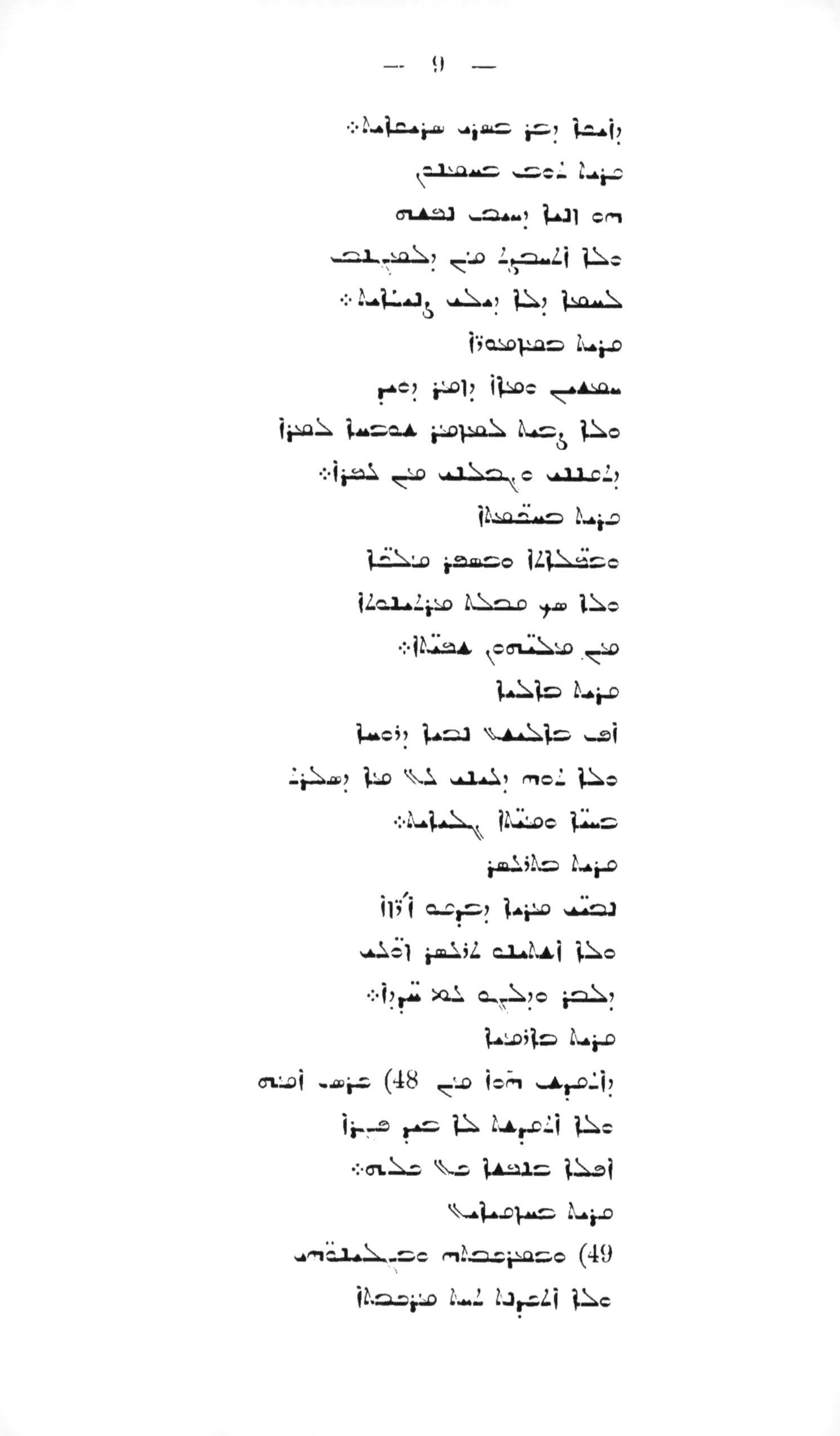

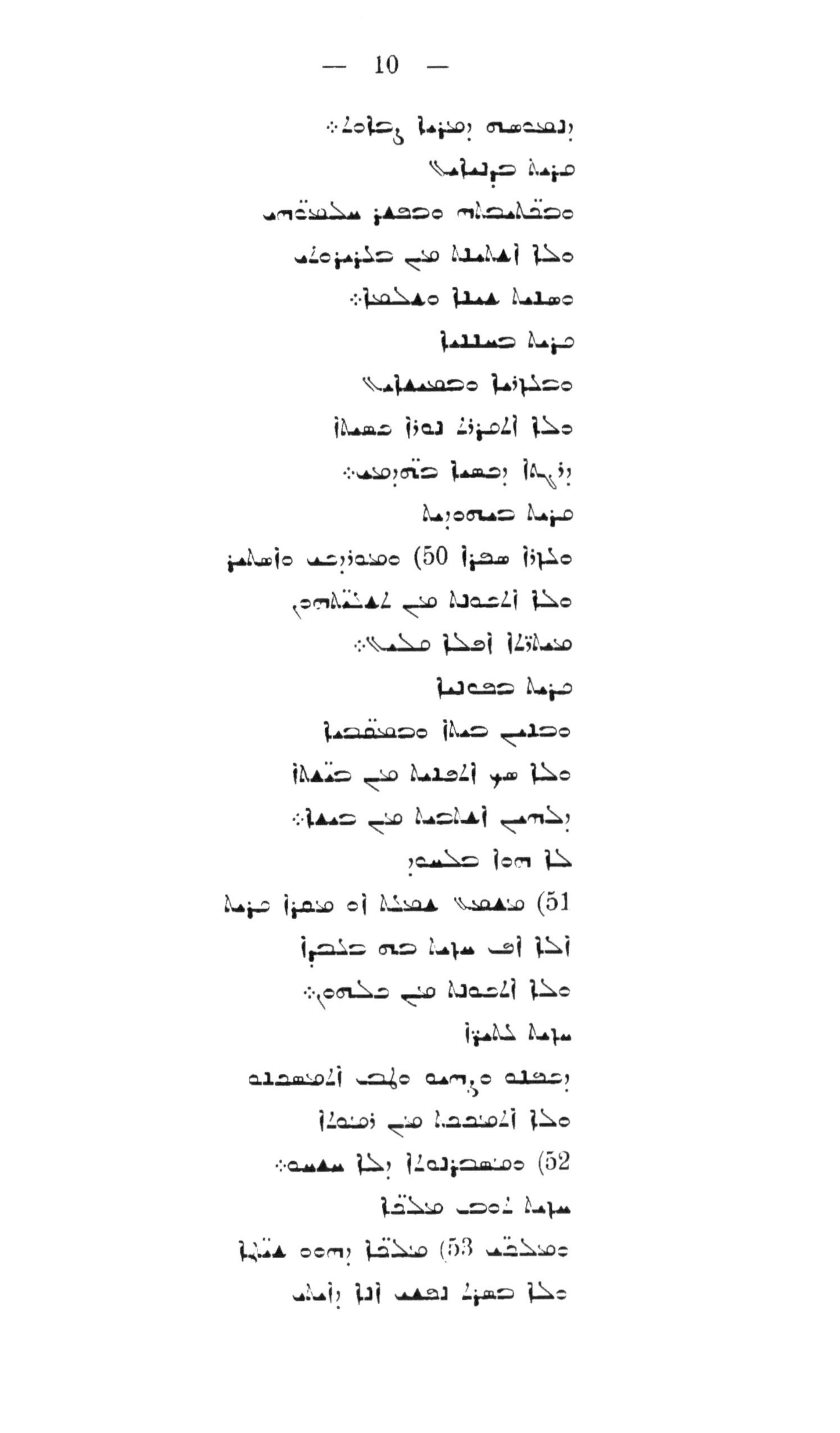

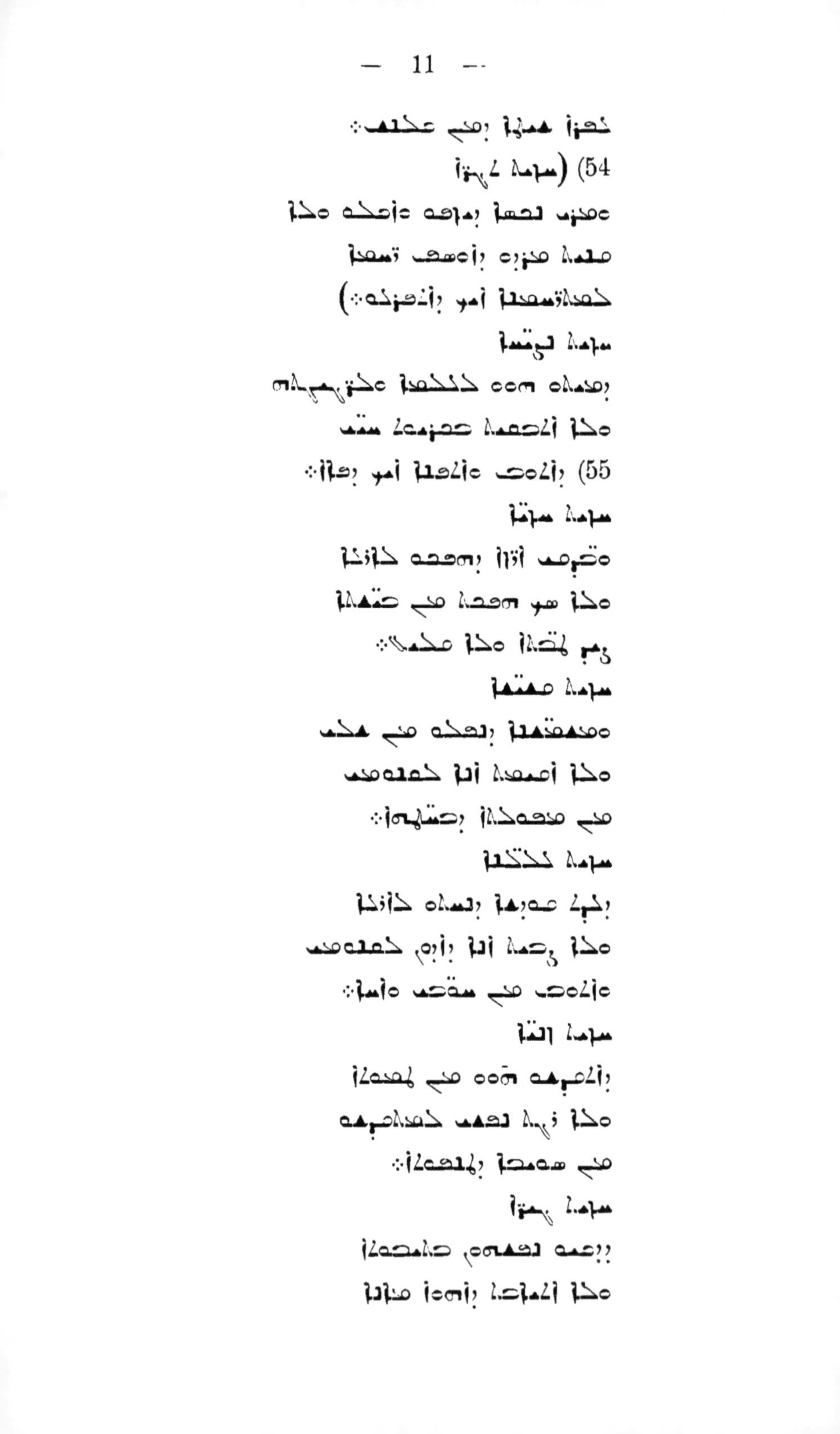

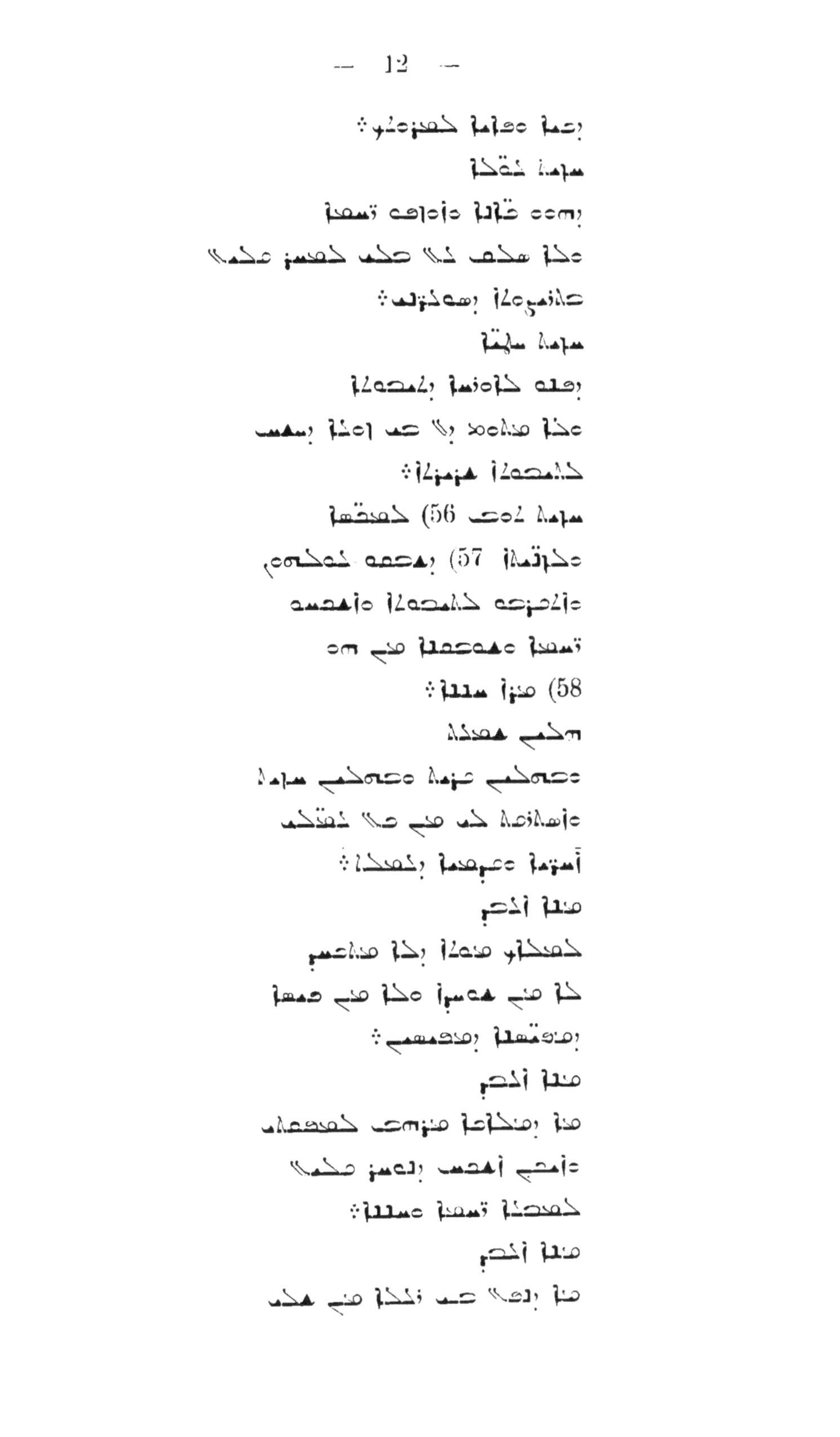

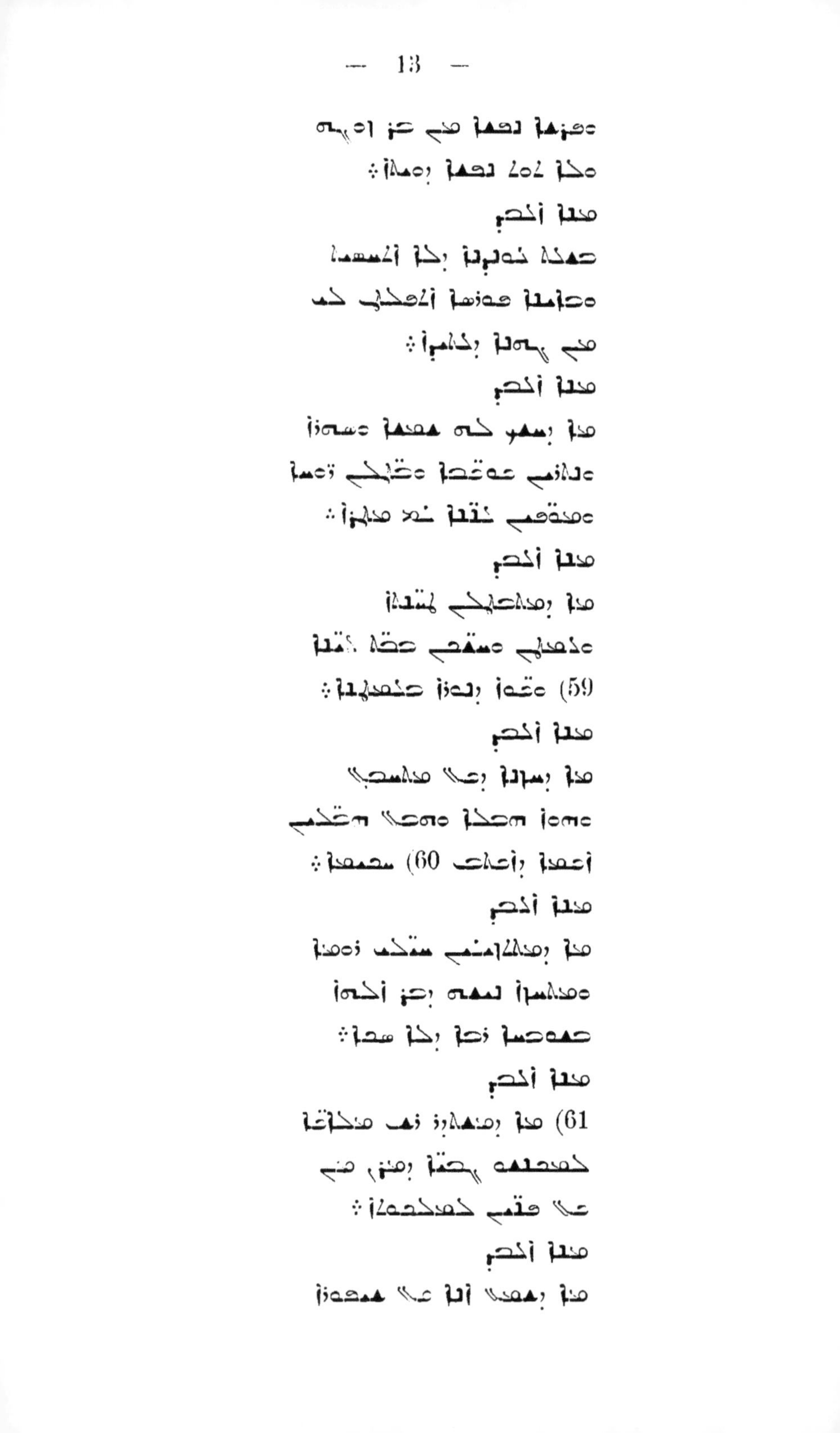

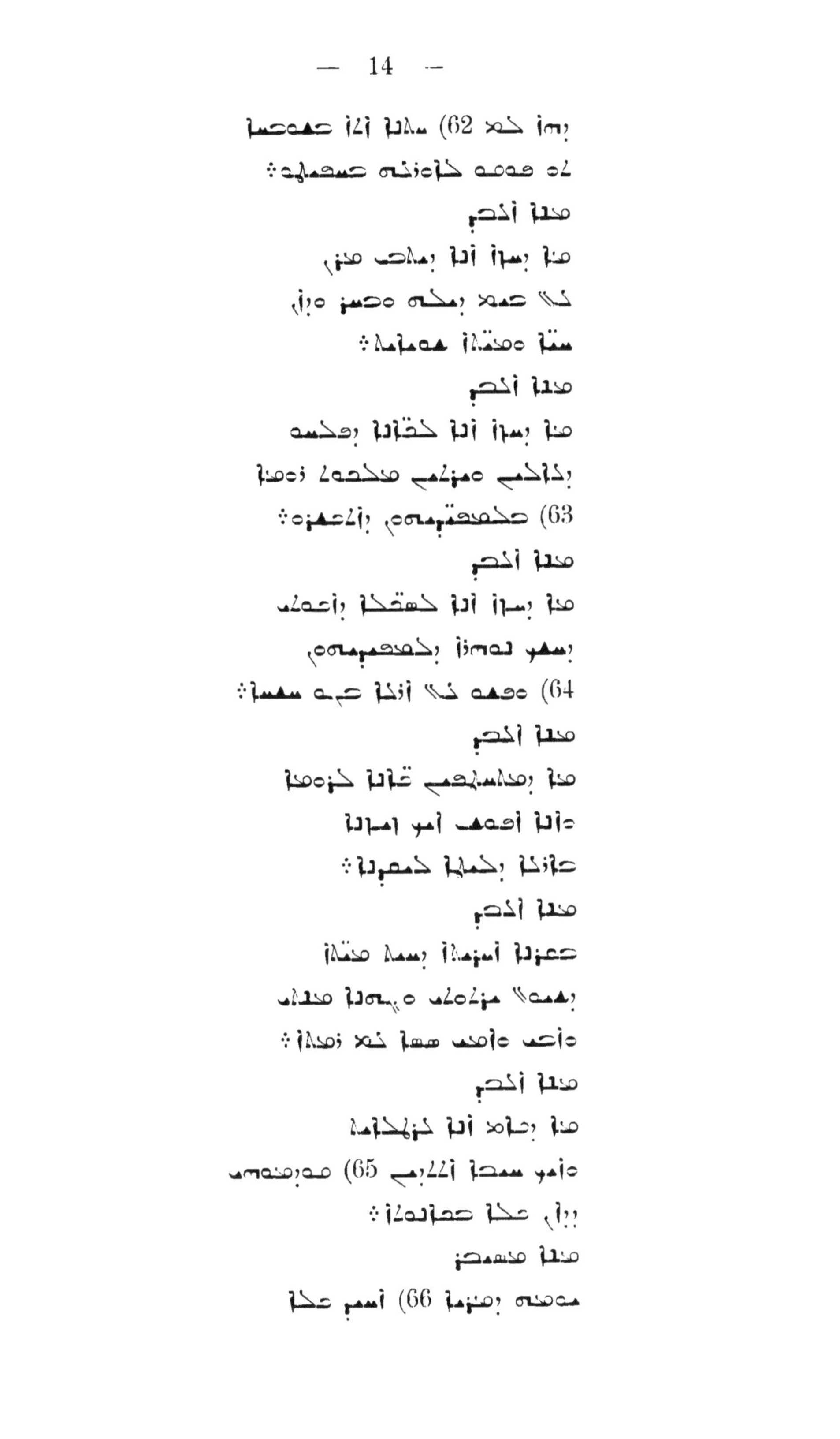

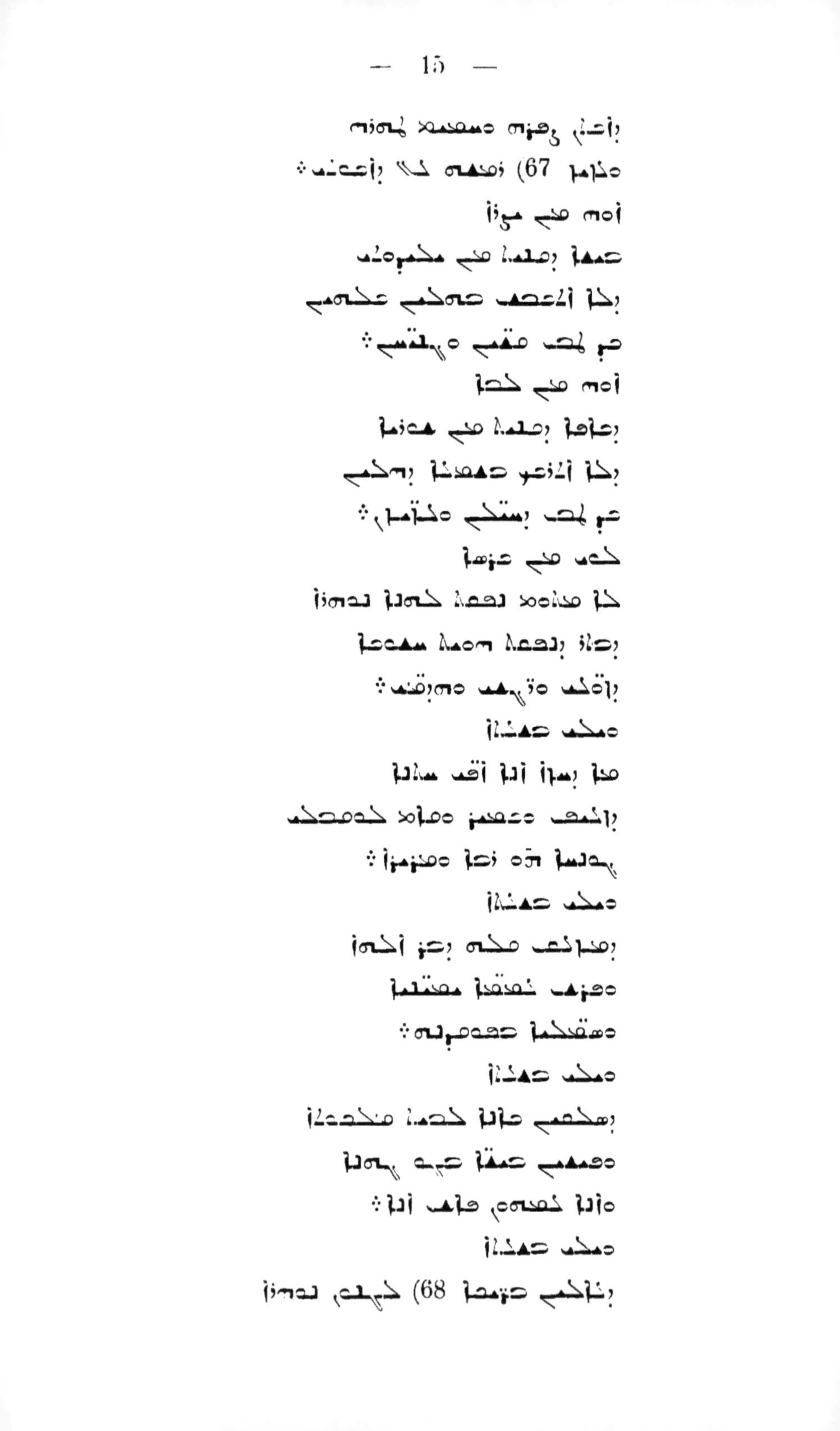

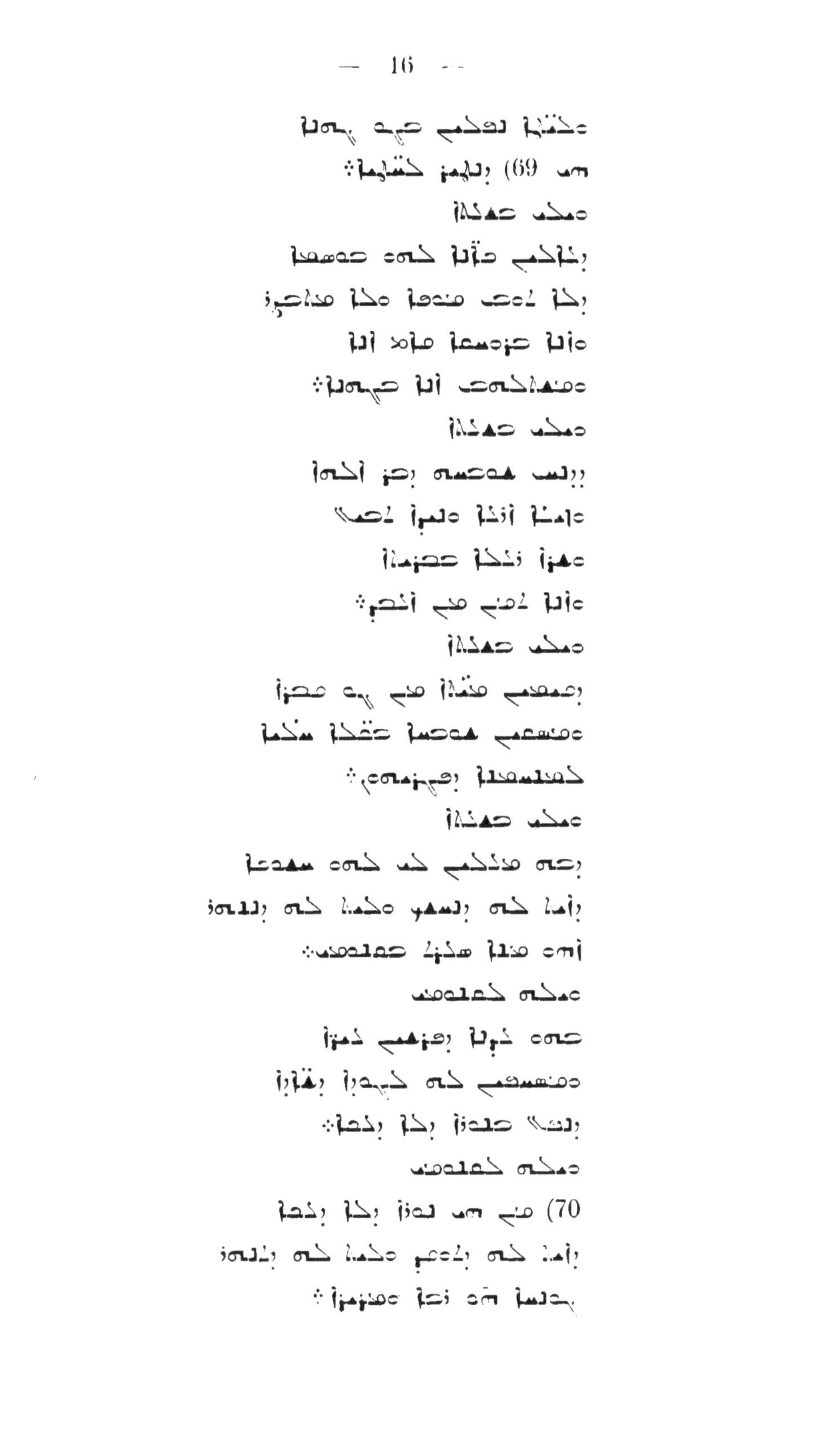

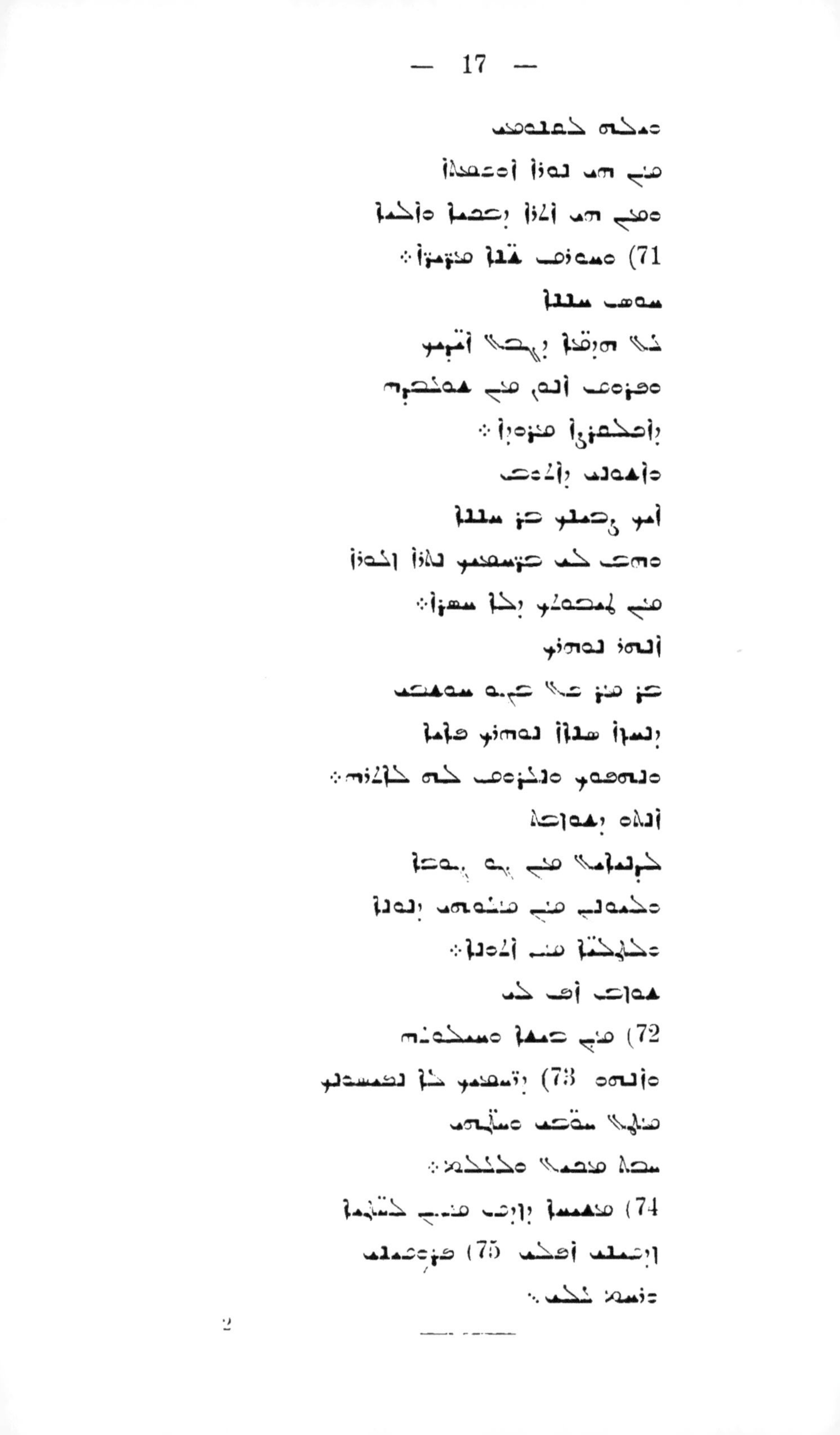

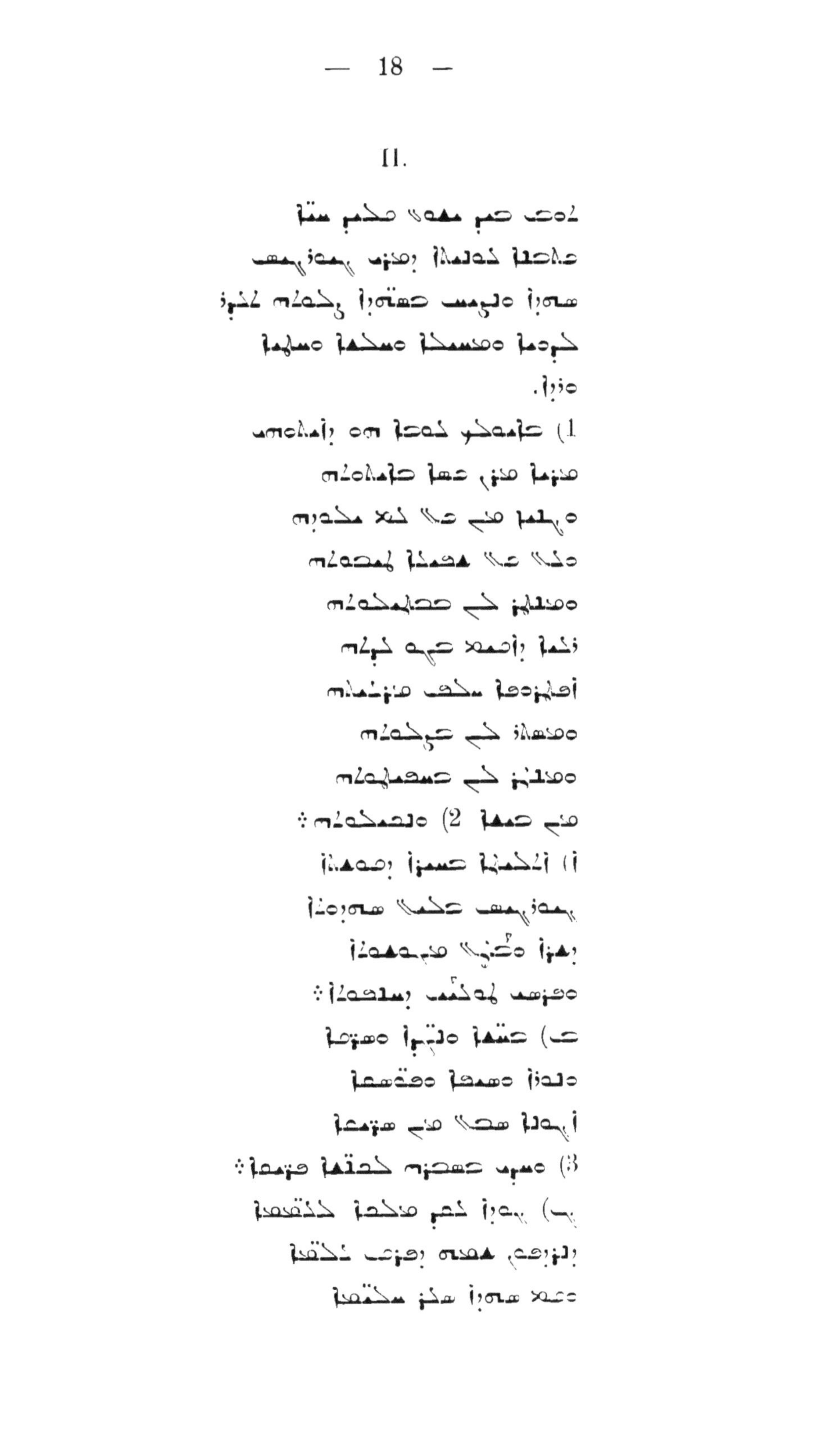

II.

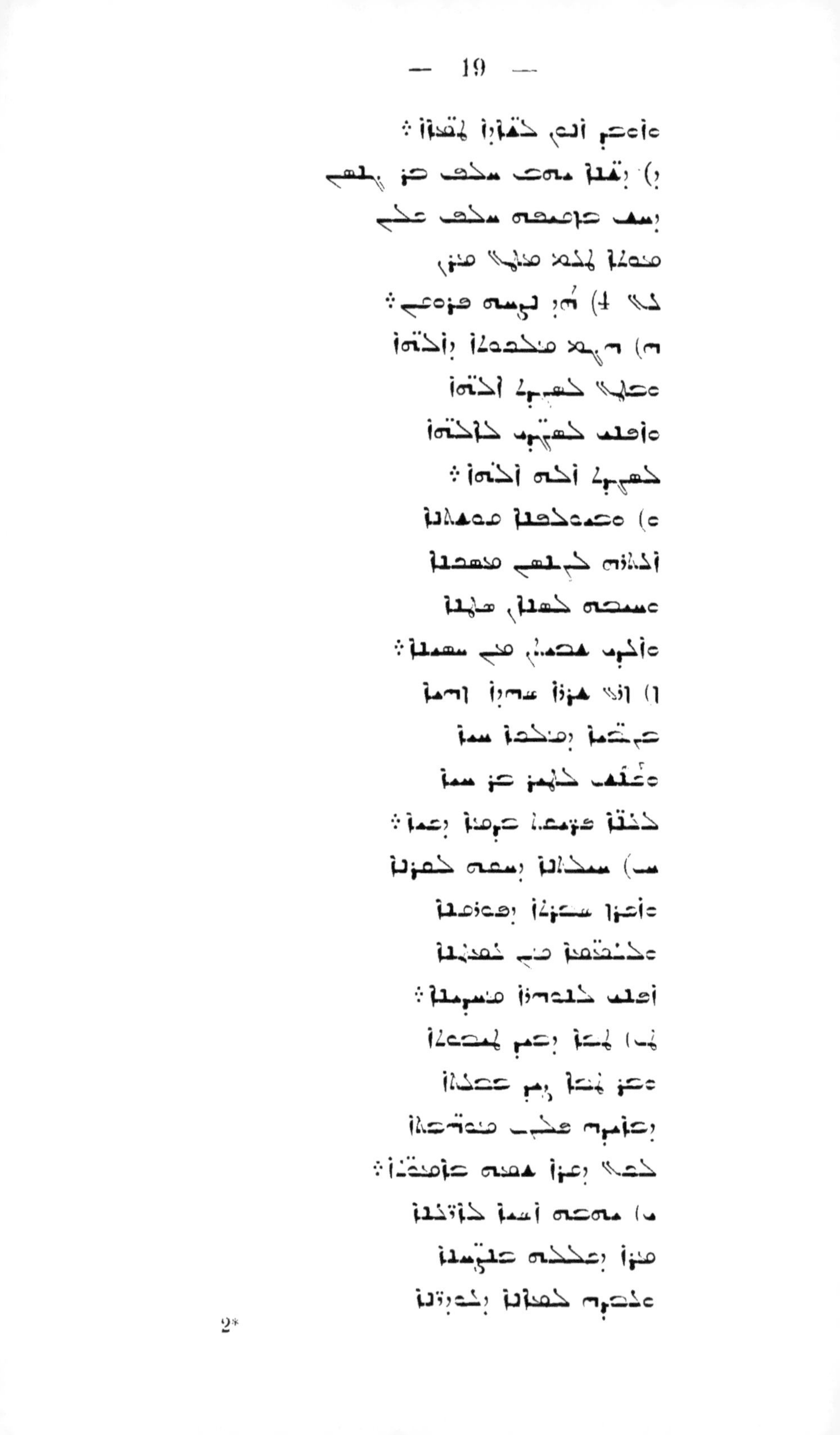

2*

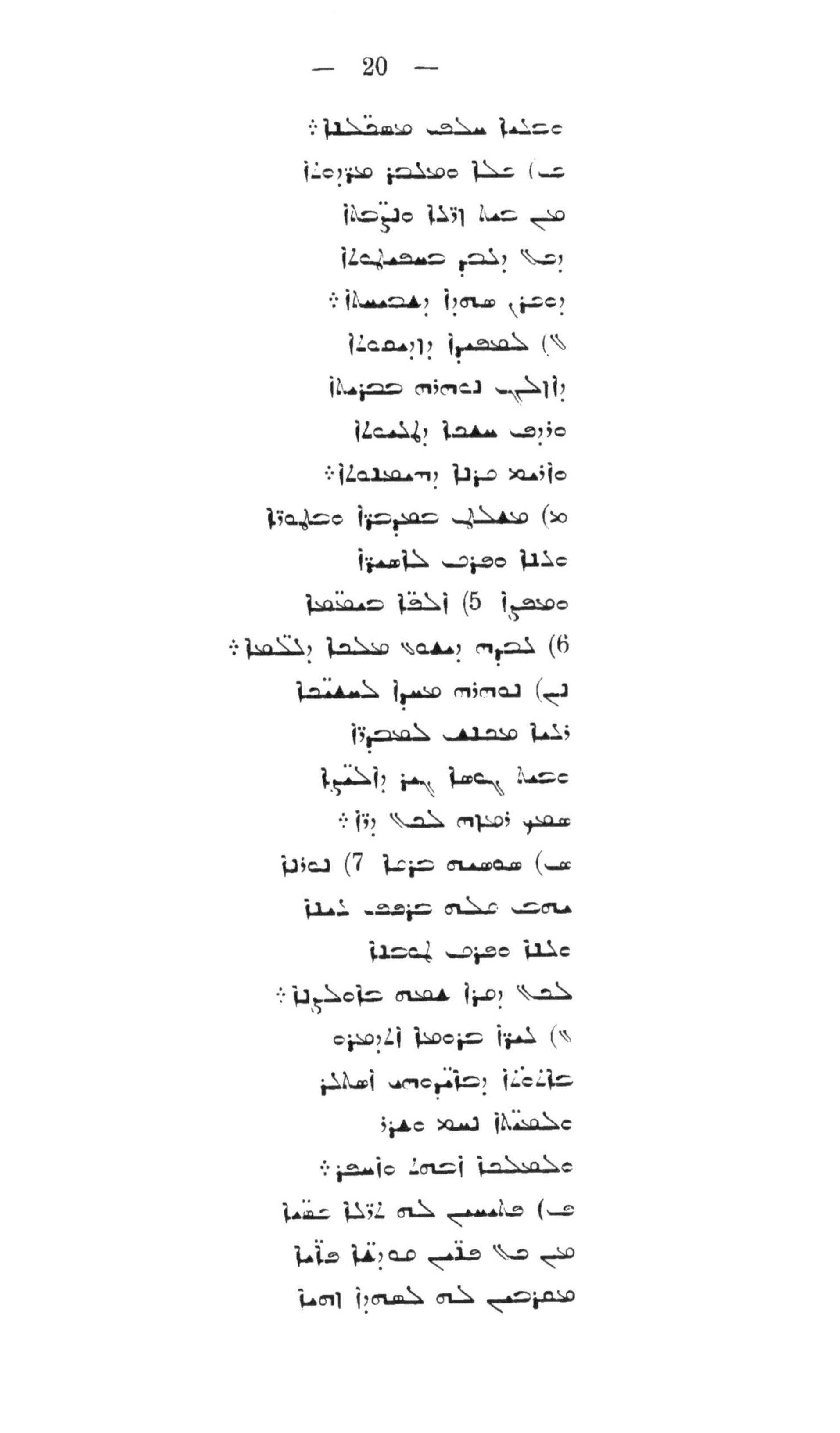

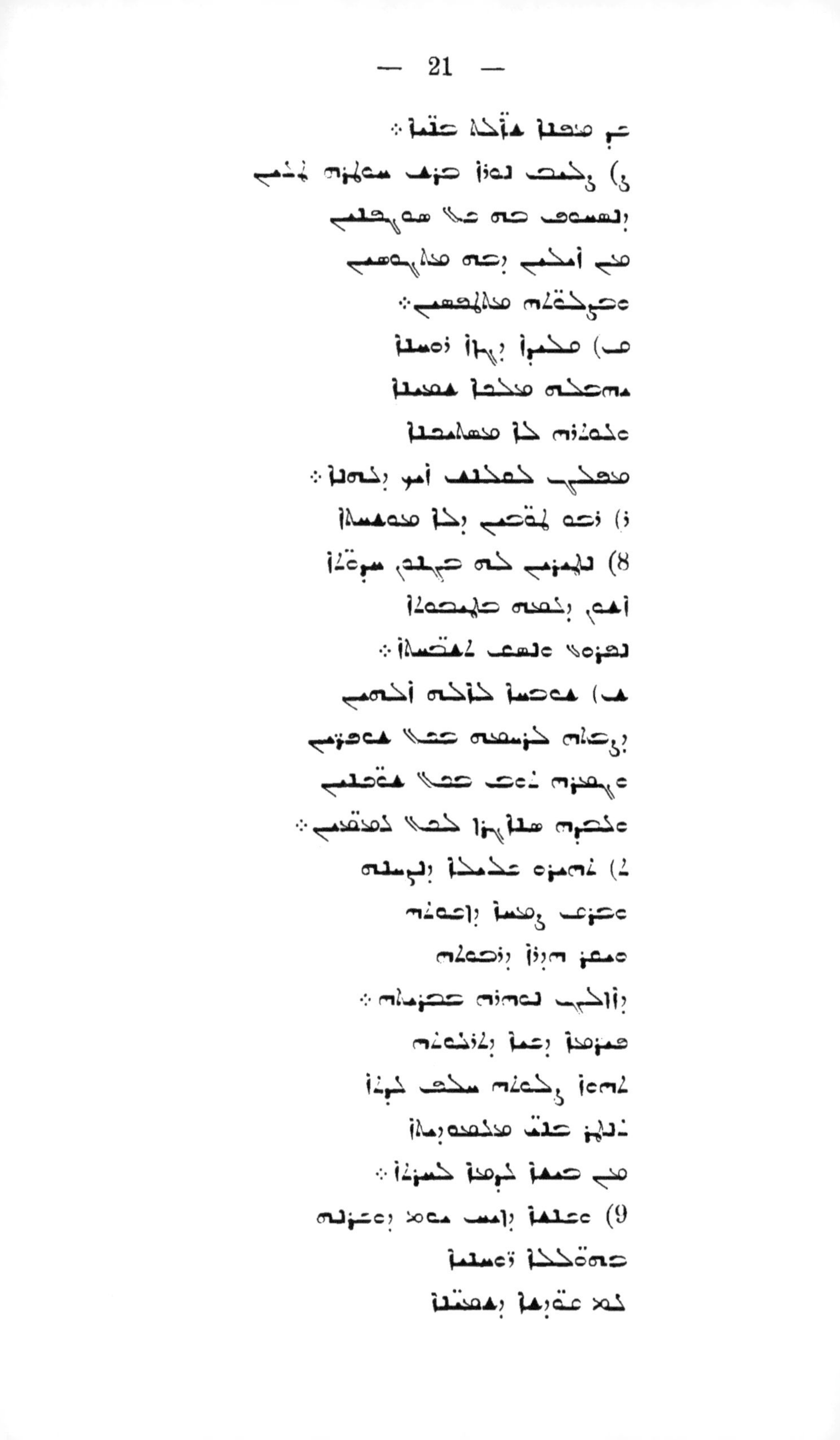

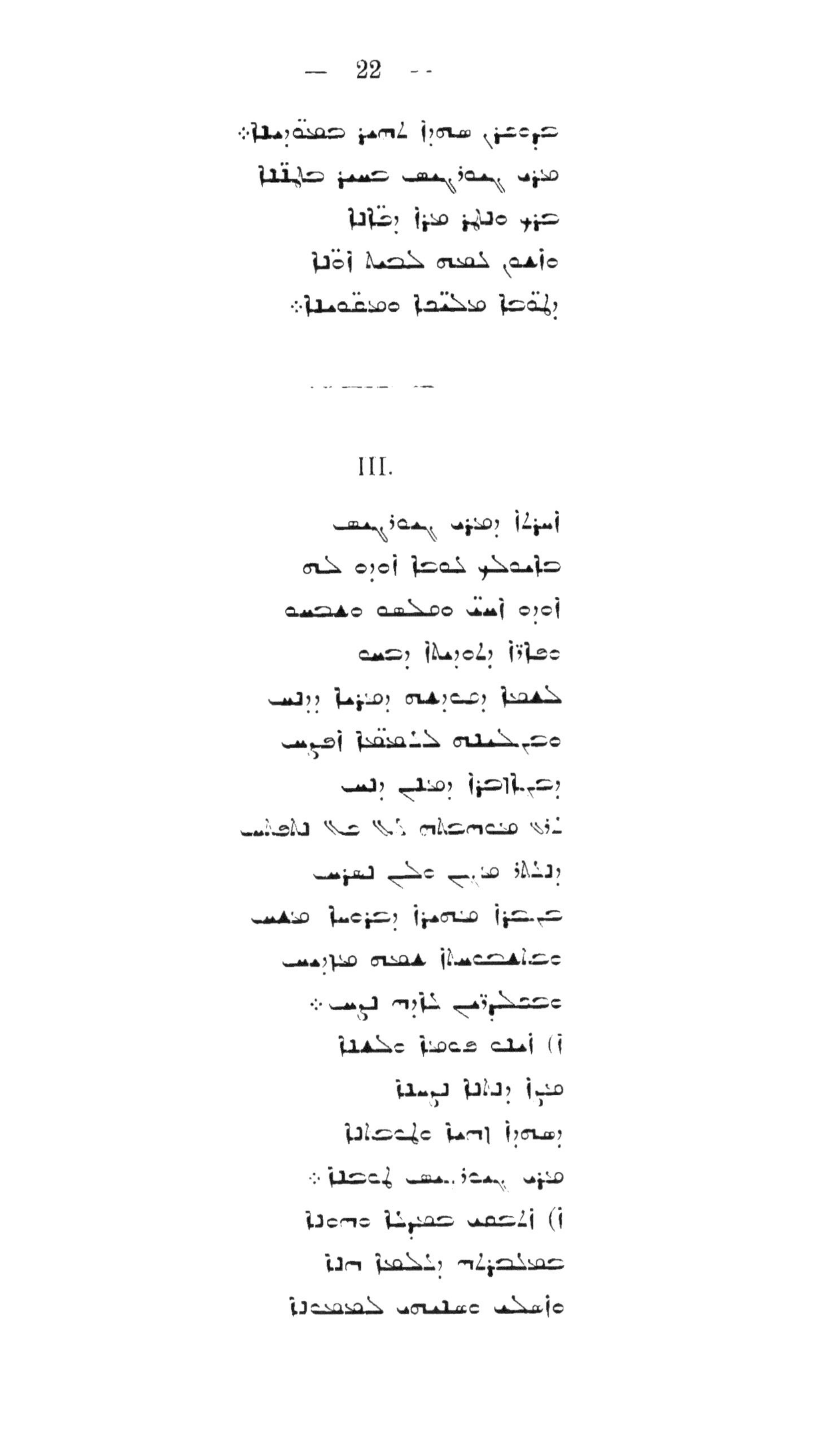

III.

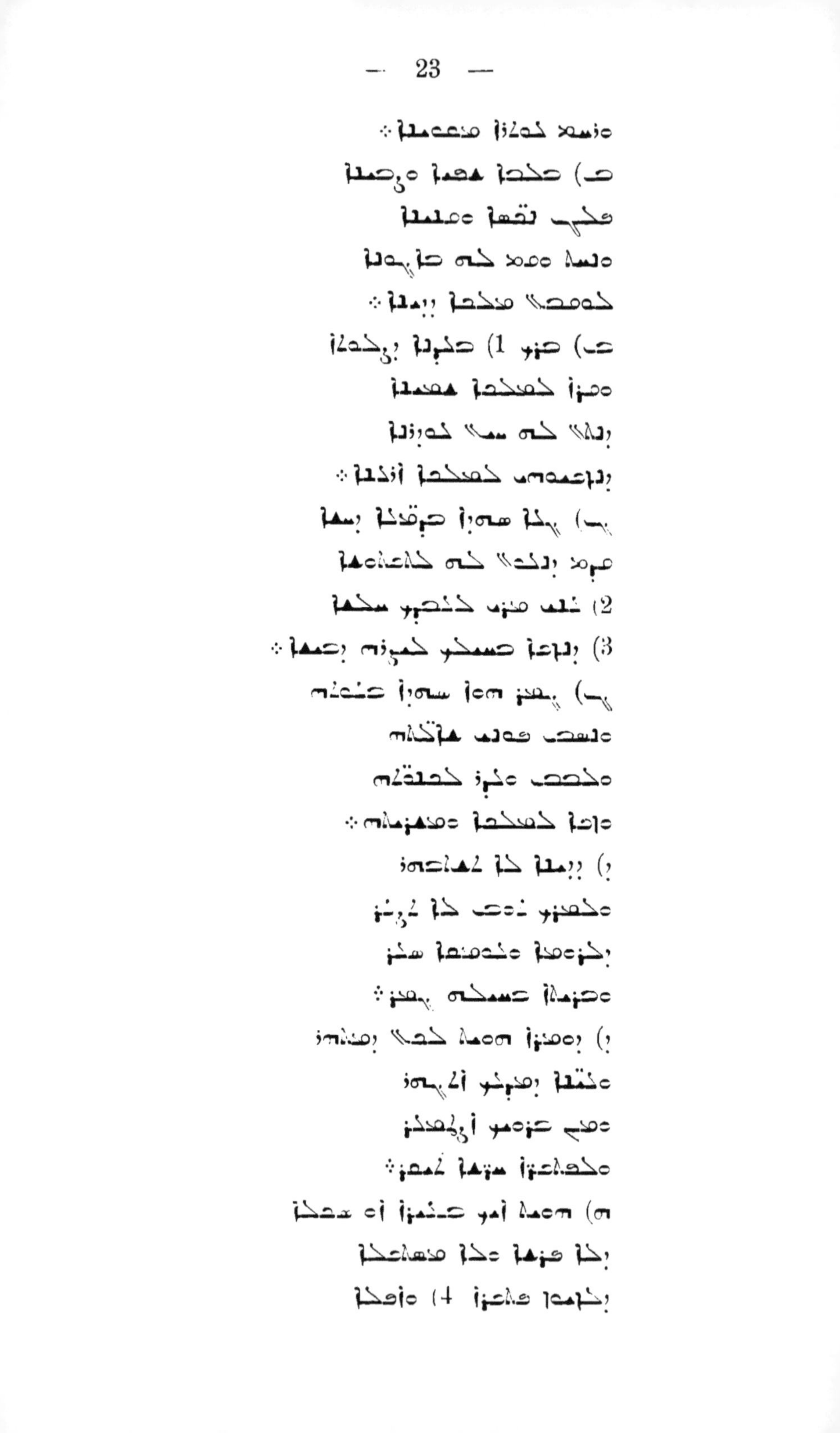

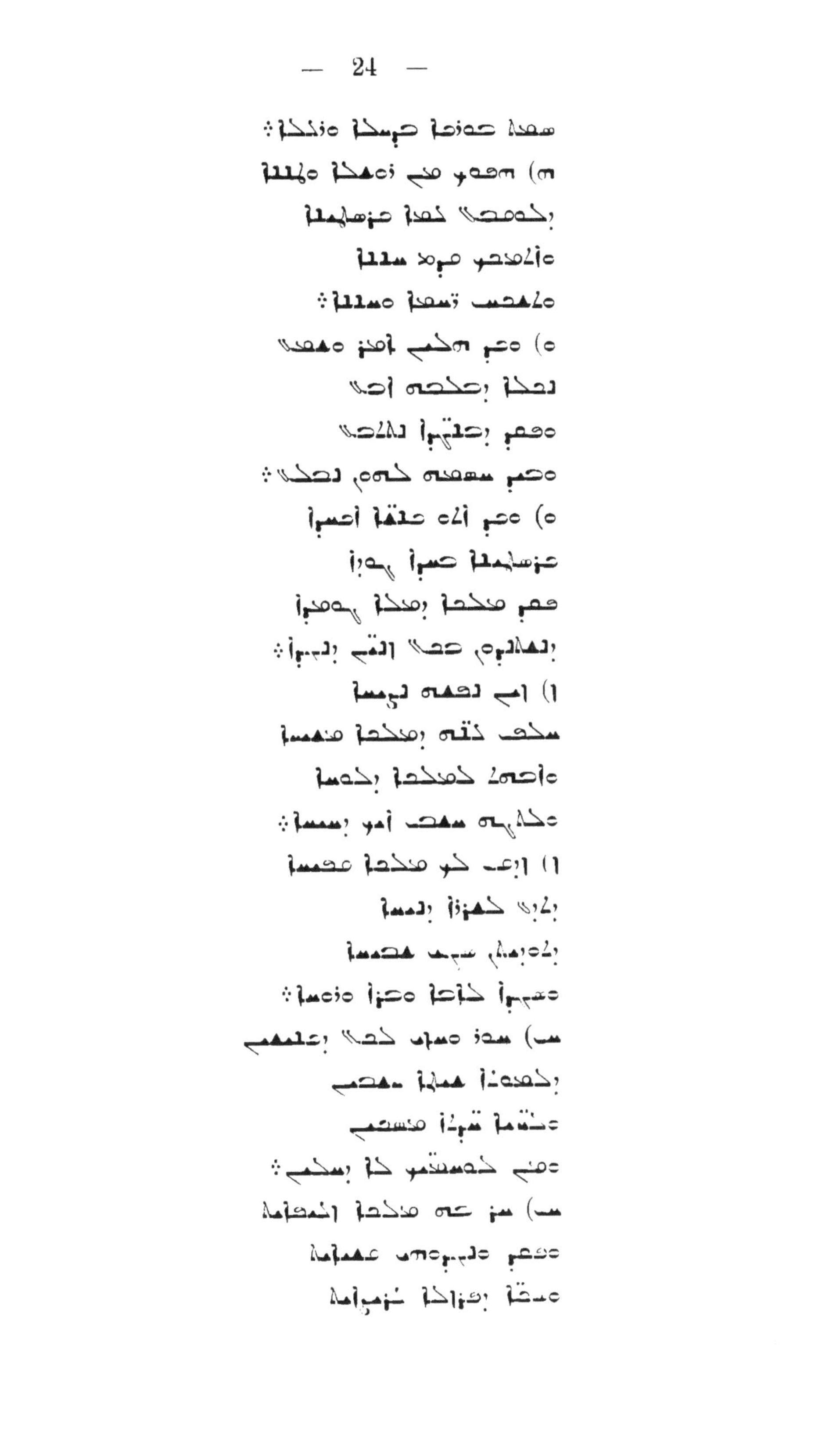

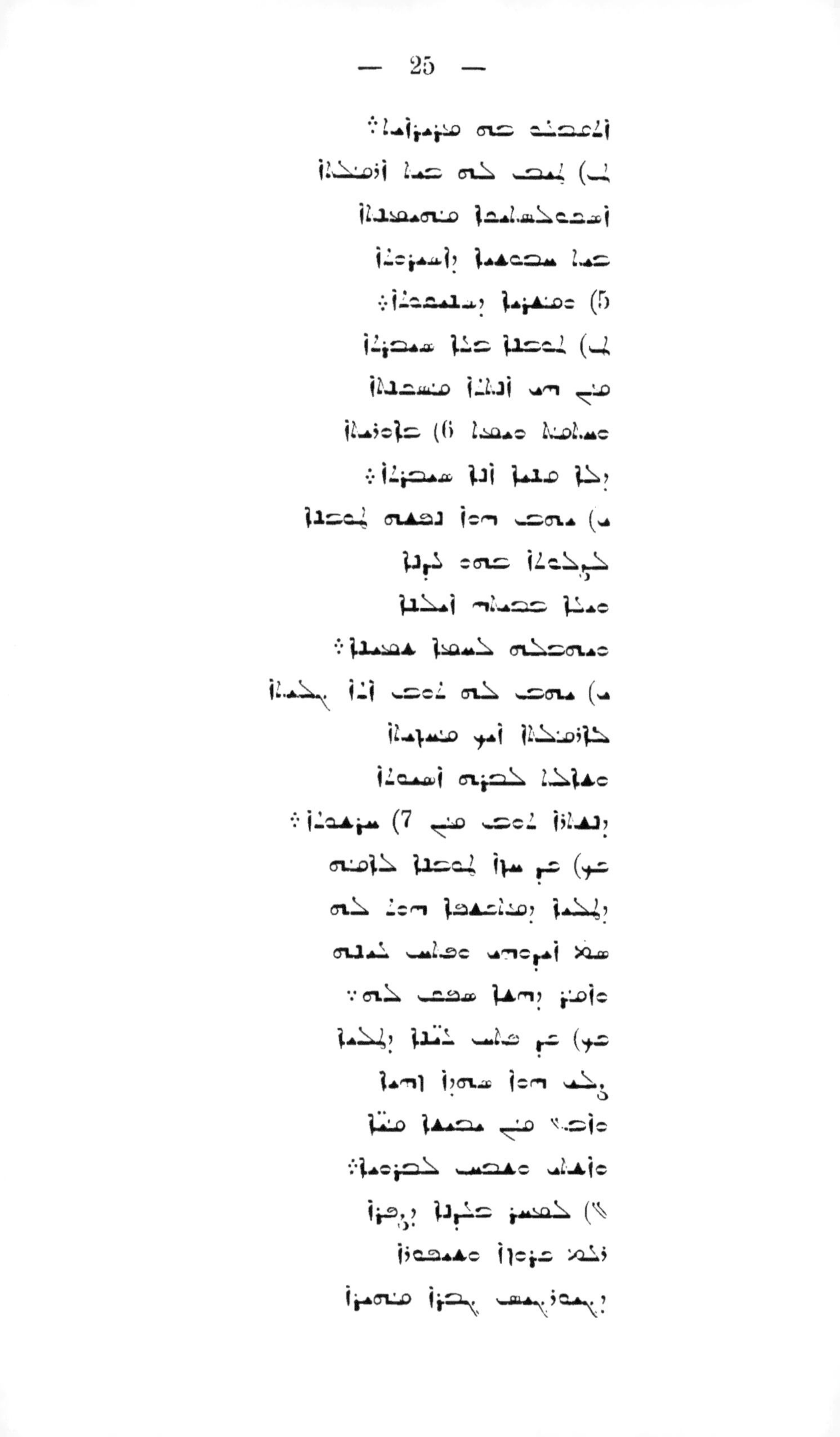

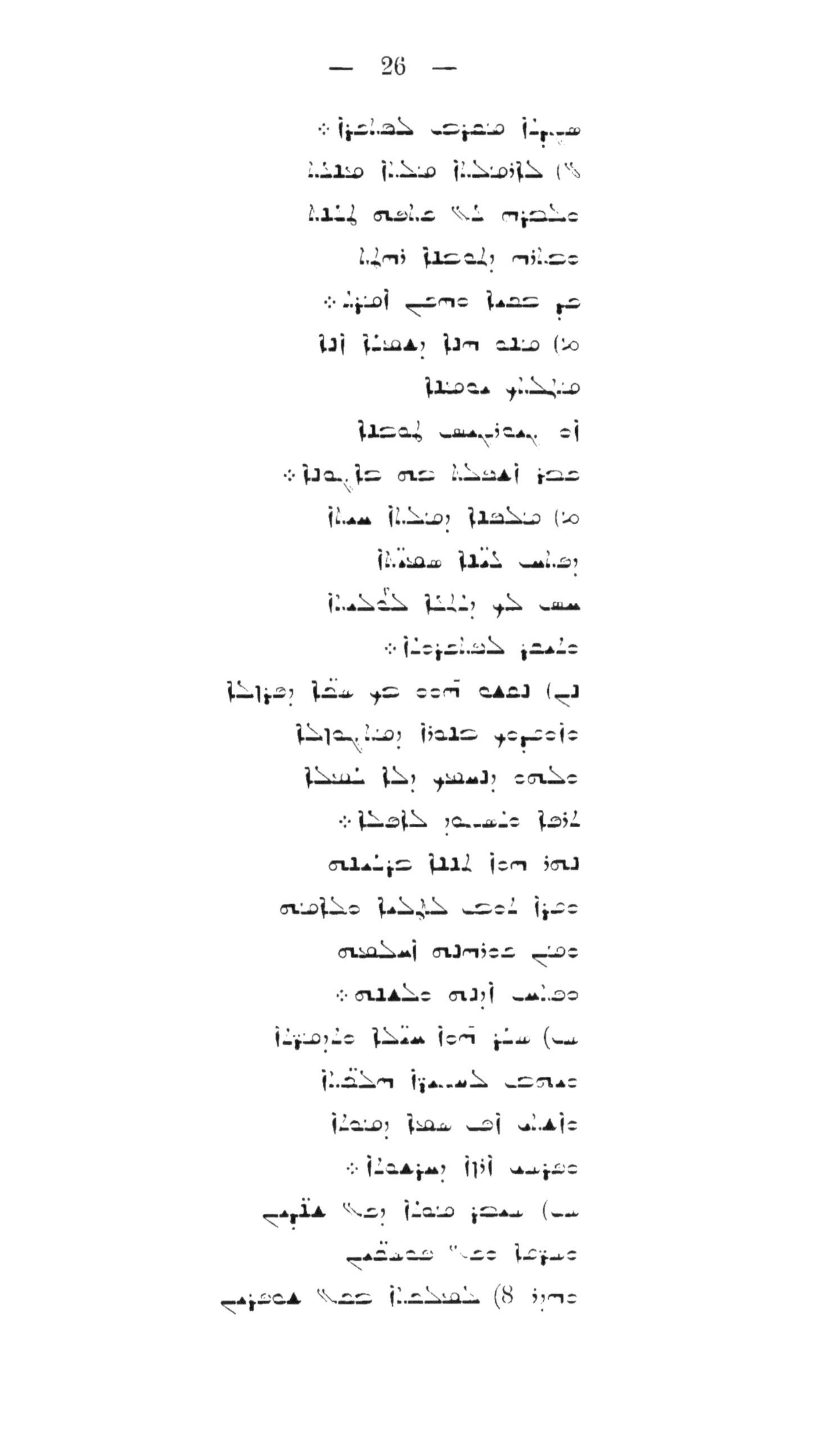

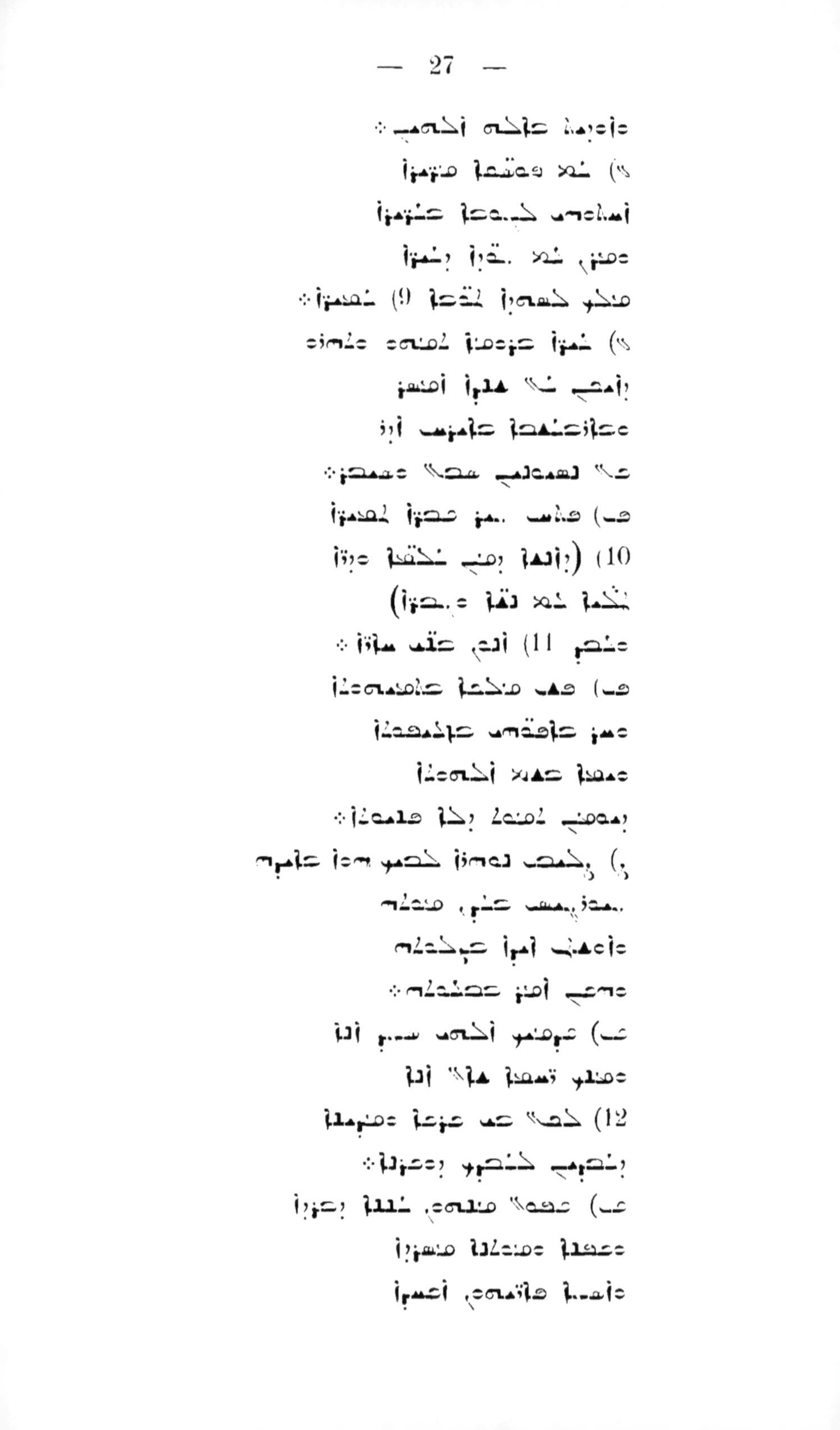

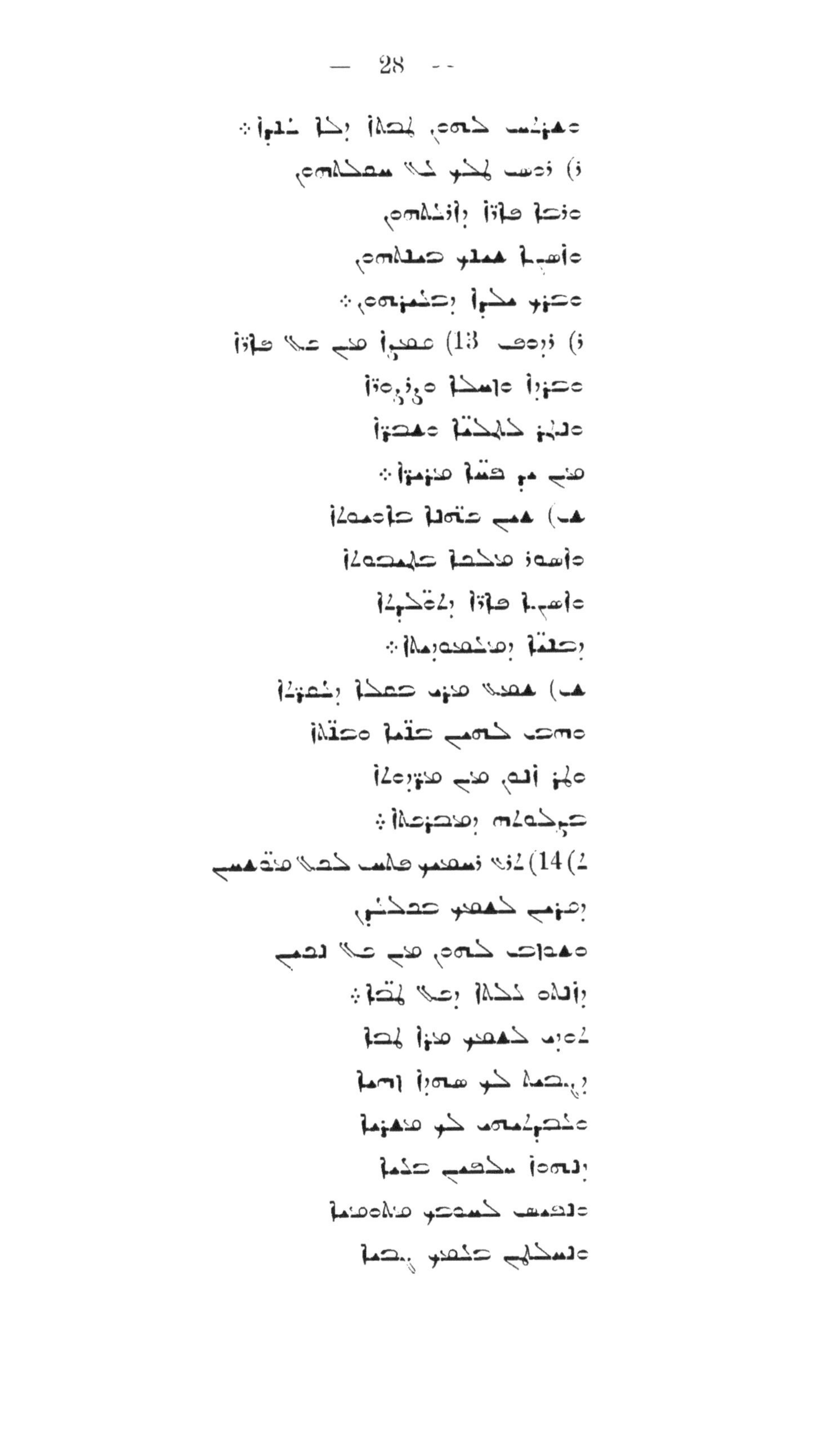

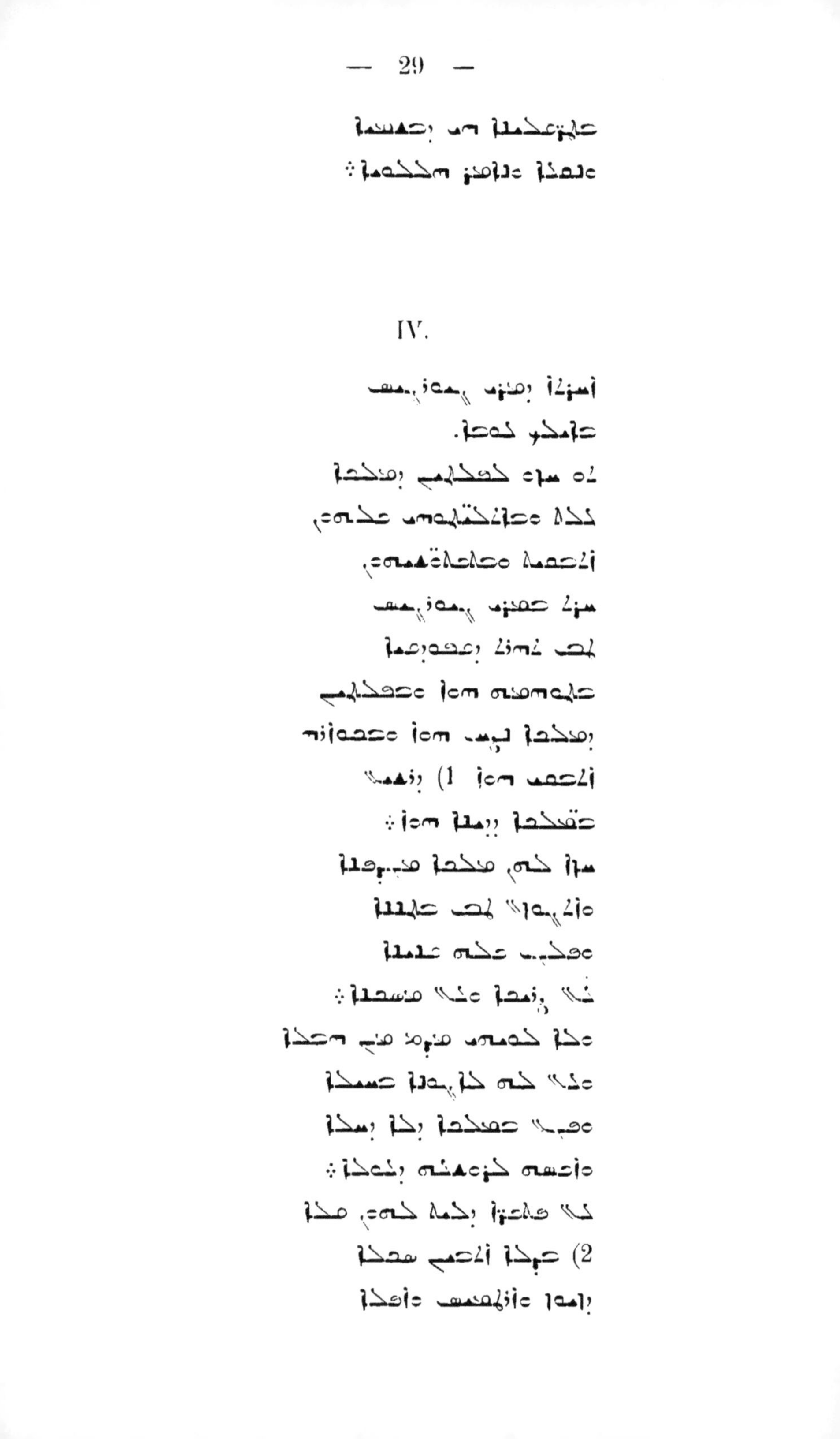

IV.

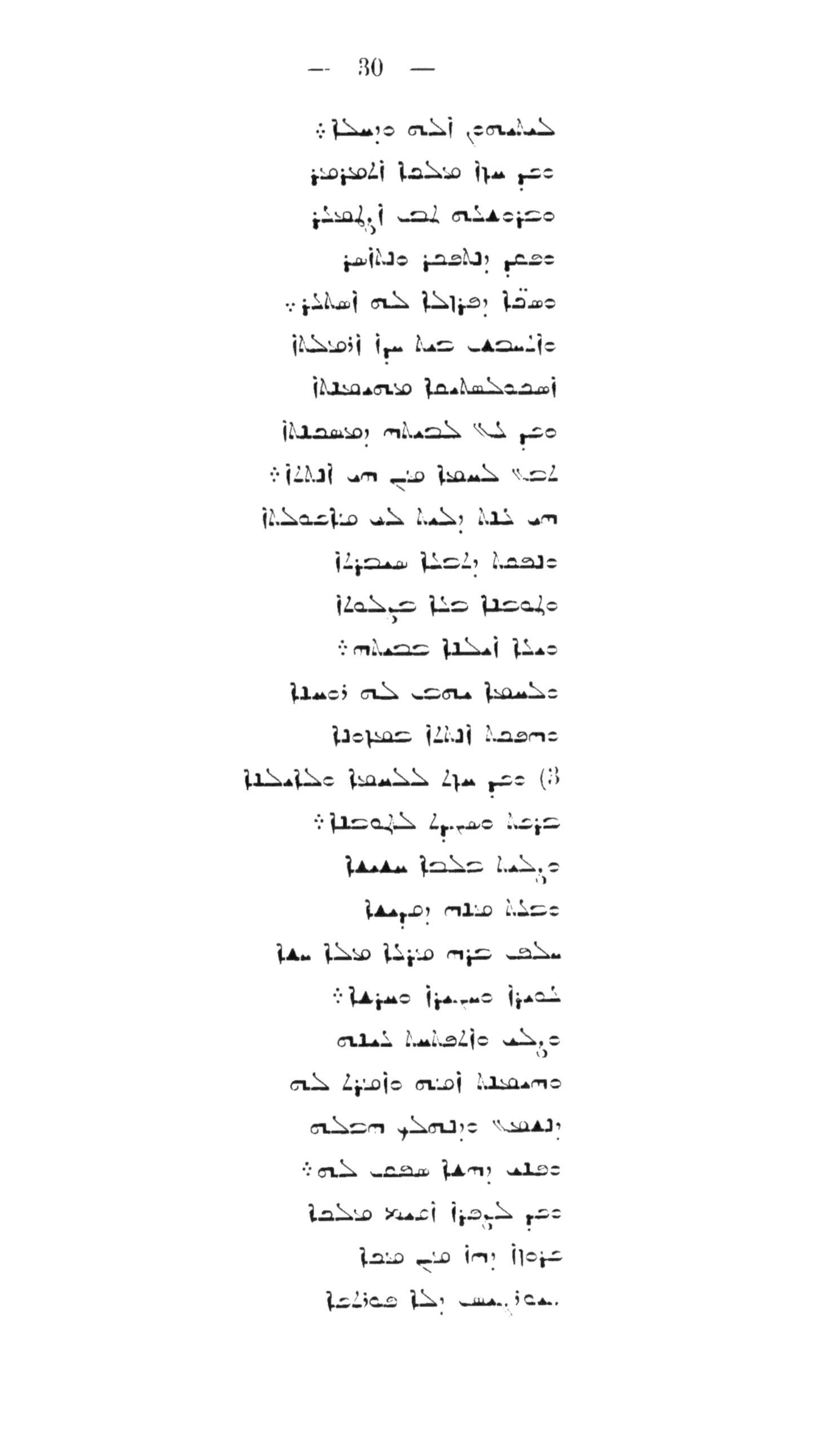

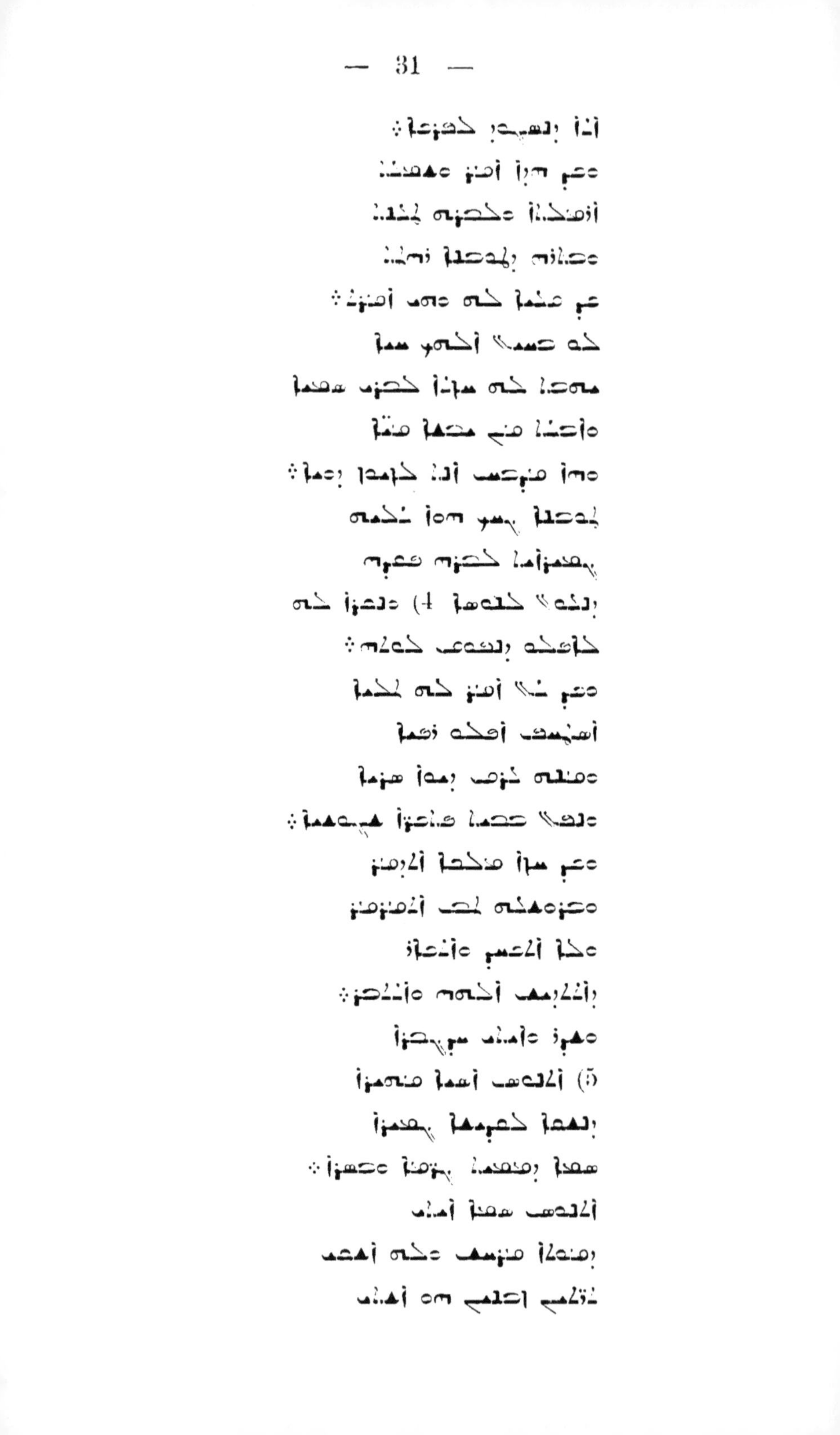

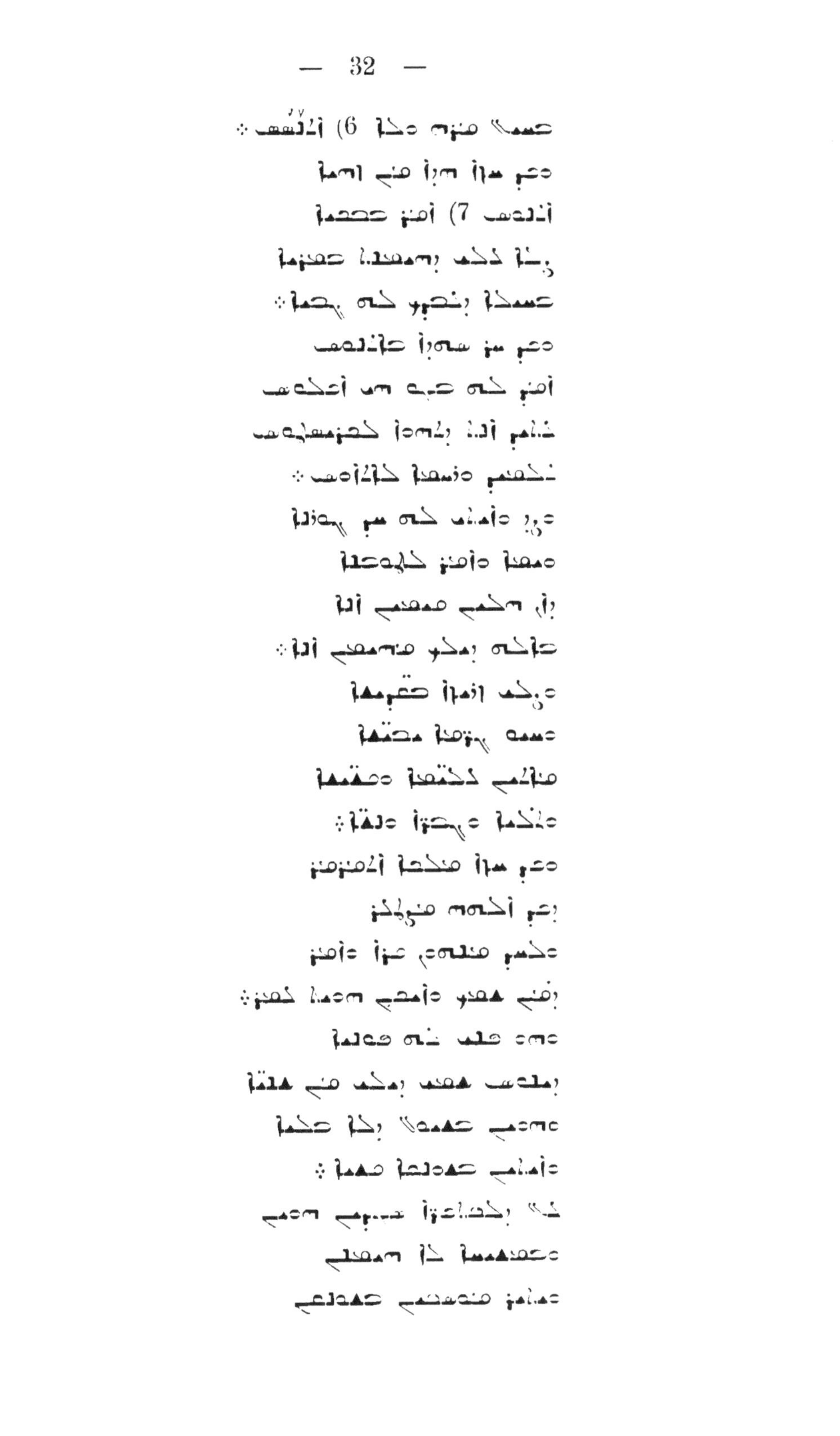

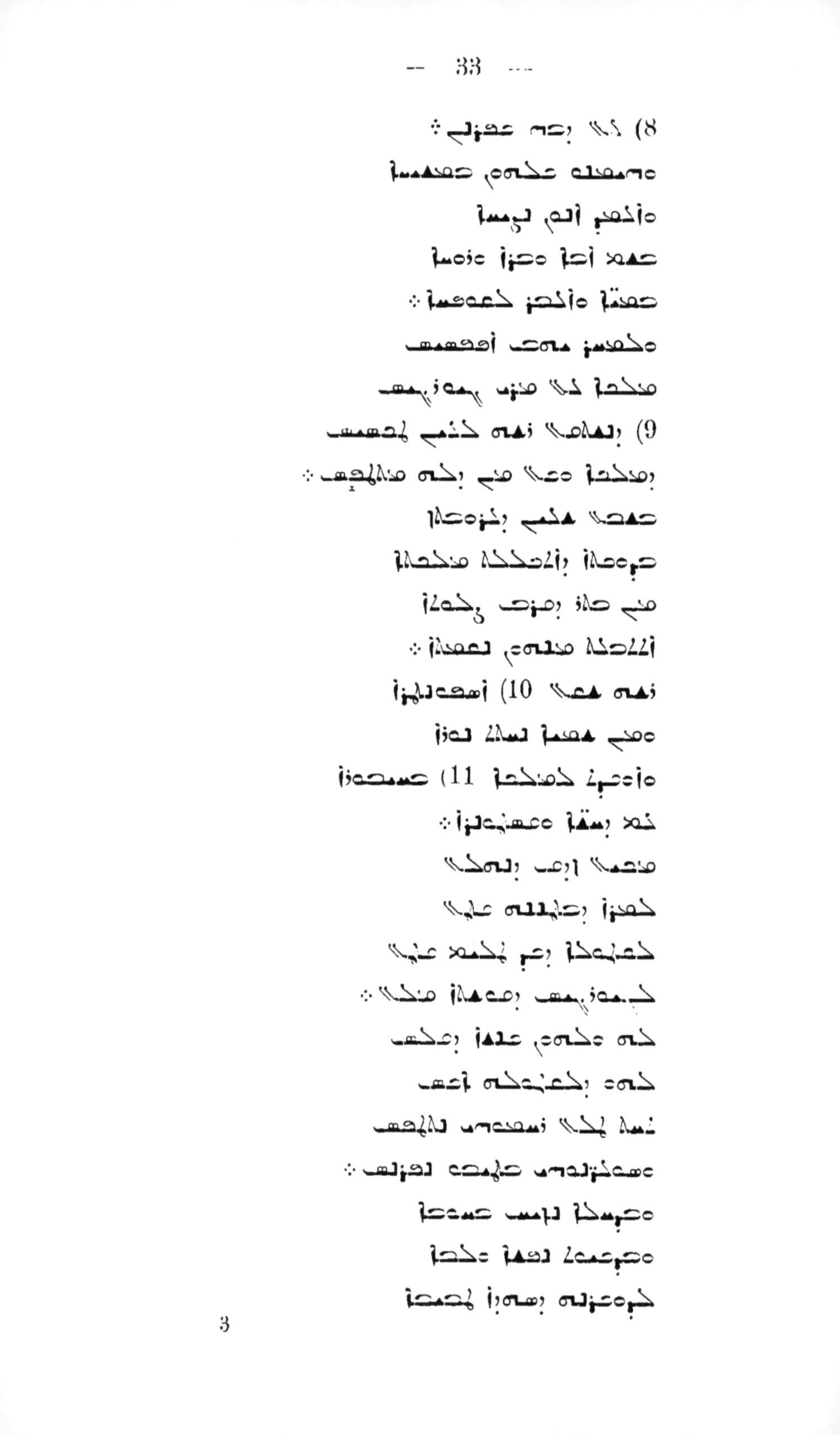

V.

---

[1] In M II beginnt das Gedicht mit .

[2] In M II fehlen die in die Klammern gesetzten Wörter.

[3] M II hat .

---

¹) M H .

²) M H .

³) M H hat hier und fehlt.

⁴) M H .

⁵) M H ohne Sejame.

⁶) M H .

3*

ﺍﻟﻨﺎ ﺁﻟﻨﺎ ﻣﻠﻄﺼﺰﺏ [1]ﺩﺍﻣﻦ

ﺁﻟﻨﺎ ﻫﺰﺍ ﺩﻗﺰﺏ ﺑﺤﺰﻣﺒﺤﻚ 2)

[2]ﺁﻟﻨﺎ ﻟﻬﺰ ﻣﻘﺼﺪﺯﺧﺪﻣﻮ ::

ﻣﻤﻘﺼﻰ ﺍﻧﺠﺎ ﻣﻘﺼﻼﻣﻘﻮ

ﺑﺤﻤﻘﺼﻮﺑﻰ ﺑﺮﺟﻤﻰ ﺍﻣﻠﺒﻰ

ﻣﺘﺴﺒﻰ ﺑﺤﻠﺤﻼﺁ ﺑﺎﻣﺘﺒﻰ [3]

ﺍﻣﻠﺒﻰ ﺑﻬﺘﻤﺎ ﺳﻠﺰﺍ ﻣﻠﻰ ::

ﺯﺍﻧﺎ ﻣﻠﺼﻤﻘﻰ ﻣﻠﻠﻚ ﻣﻰ

ﺍﻣﺤﺰﺑﻨﺎ ﻣﻠﺪﻩ ﺩﻟﻘﻼ

ﺑﻠﺎﻧﺎ ﺑﻤﺪﺯﺍ ﻟﻤﻤﺤﻞ ﻣﺠﻠﻤﺎ

ﺑﺰﻣﻠﺎ ﻣﻤﺪ ﺑﺤﻄﺤﻠﺎ ::

ﺍﺯﻣﻨﺎ ﻣﺤﻠﺤﻨﺎ ﻣﻰ ﺍﺣﻨﺎ (3

ﻣﻘﺰﺍﻭ ﺳﻤﺤﺰﺯﻣﺤﺰ ﻣﻘﺰﺏ

ﺑﻤﻠﺰﺯ ﺣﻠﺰﻣﺎ [4] ﻣﻤﻠﻠﺤﻚ (4

ﺣﻄﻤﻠﺎ ﻣﻘﺰﺏ ﻣﻬﺰﺯﻩ [5] ﻣﺤﺴﺒﻰ ::

ﻣﺤﻠﻨﺤﻤﺎ ﺣﺰﻣﺠ ﻣﺰﻟﻪ

ﻣﺤﻘﻨﺤﻤﺎ ﻣﺤﻤﻘﺘﻤﻠﺎ ﻣﻘﺴﺐ

ﻣﺰﻣﻘﺴﻪ ﻟﻨﺰﺍ ﺣﻤﺼﻤﻰ

ﻣﺰﻣﻘﺎ ﺑﻘﻮﺳﻬﺰ ﺑﻠﻨﻘﺼﻤﺎ [6] ﺣﻠﺼﺐ ::

ﻣﻘﺤﻠﻠﻠﺤﻤﻤﻘﻰ (5 ﺑﺰﻣﻠﺎ ﻣﻤﺪ

ﻣﺤﺰﻣﺤﺰﺯﺳﺎ ﻣﺰﻣﻘﻰ ﻟﻪ ﺑﻤﺤﻠﺎ

ﺣﻼﺯﺍﺯﺣﻤﺤﻤﻘﺐ ﺣﺤﻘﻤﻘﺐ (6 ﻣﺰﻣﻘﻰ

---

[1] M II hat hier noch ﺣﺴﻼﺁ.

[2] M II ﺃﺻﻤﻘﺰﺣﻢ.

[3] M II ﺑﺤﻠﺤﻼ ﺍﻣﺘﺒﻰ.

[4] M II ﻟﻠﺤﺼﺤﻚ ﺑﻤﻠﺰ.

[5] M II ﻣﻘﺰﻣﻰ ﻣﻘﺰﻣﺎ.

[6] M II ﻟﻨﻘﺼﺎ.

---

1) ‏M‏ II ‏‏.

2) ‏M‏ II ‏‏.

3) Der ganze Text von ‏‏ bis ‏‏ fehlt in M II.

¹) M H ; die Sejame sind als Fehler anzusehen.

²) M H hat . das freilich unrichtig ist.

³) M H hat statt und fehlt.

⁴) In M H haben die 2 folgenden Verse zum Teile verschiedenen Wortlaut. der also lautet: .

---

1) MII .

2) In MII kommt diese Strophe an anderer Stelle mit verändertem Wortlaut vor.

3) MII .

4) MII] und fehlt.

5) MII .

6) MII .

7) In MII folgt hier: .

8) MII fehlt .

[1] In M II lautet also der Text; .

[2] M II .

[3] M II .

[4] M II .

[5] In M II folgt hier: . Vergleiche zu diesem Texte Anmerk. 2 Seite 39.

---

¹) In M II ist der Text nach ganz verwischt; doch dürfte dort, wie in M III. die sonst mit M II vollkommen übereinstimmt stehen.

²) In M II fehlt dieser Vers, statt dessen befindet sich dort: .

³) M III hat hier statt dieser Strophe folgenden Text:

⁴) In M II fehlt dieser Vers.

⁵) M III hat hier noch .

⁶) fehlt in M II.

VI.

---

[1]) In M II beginnt das Gedicht in folgender Weise:
[2]) In M II fehlt diese ganze Zeile.

[3]) M II hat hier .

[4]) M II hat statt dessen .

---

¹) M II .

²) M II

³) M II .

⁴) In M II fehlt .

⁵) M II .

⁶) M II .

اهـ

---

[1] In M[II] steht statt dieses Verses folgender: .

[2] M[II] hat hier folgenden Text:

[3] M[II] .

[4] In M[II] ist dieser Vers mit dem nächstfolgenden versetzt.

[5] M[II] .

---

¹) M II ؛; M III hat wie hier .

²) M II ·

³) M II .

⁴) M II hat statt dieses folgenden Vers: .

⁵) M II .

---

1) M II hat hier und fehlt.

2) M II .

3) M II .

¹) M II .

²) M II .

1) M II .

2) Der ganze Text von hier bis zum Schlusse des Gedichtes fehlt in M II und M III, dafür steht dort folgender Text:

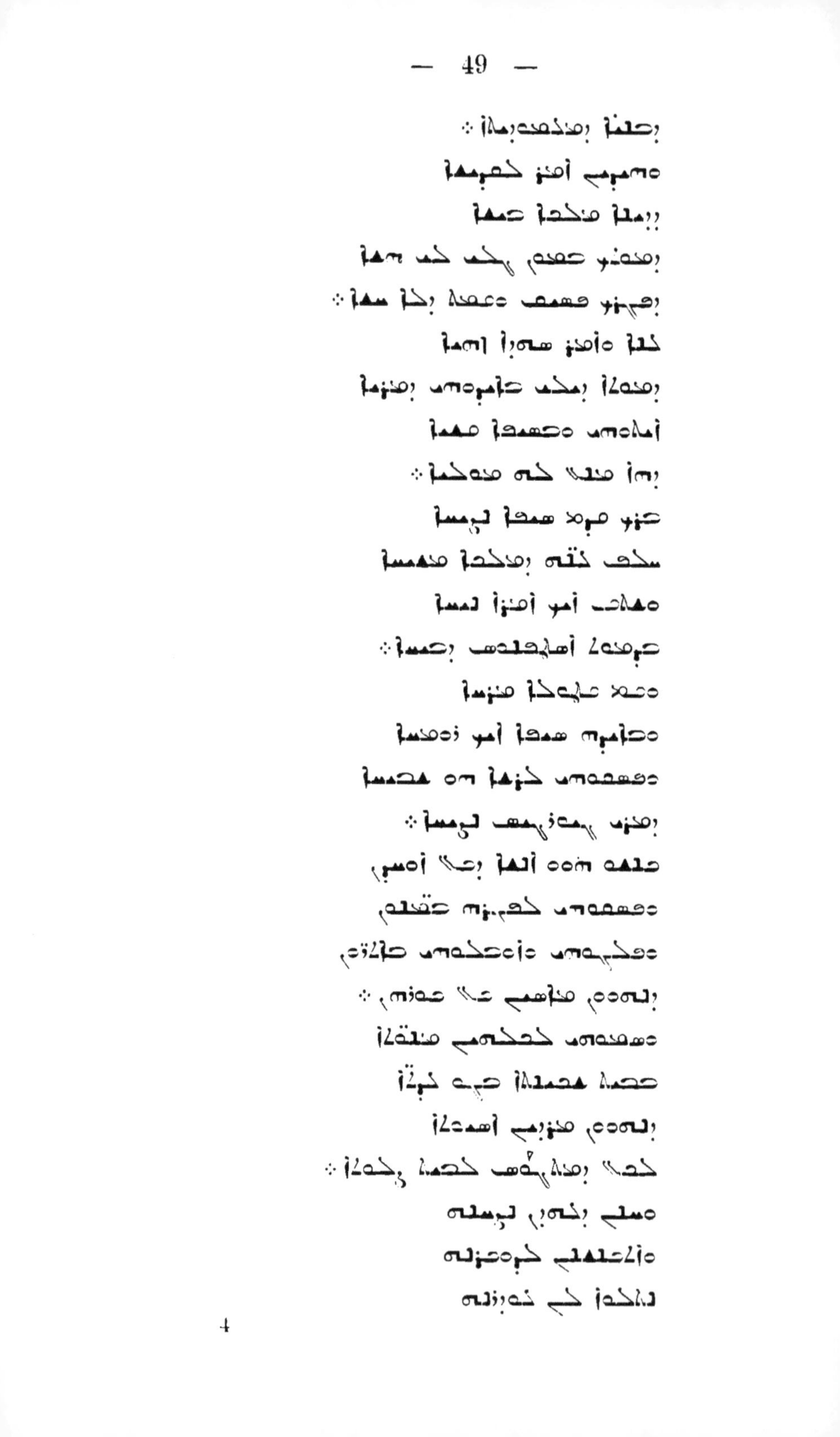

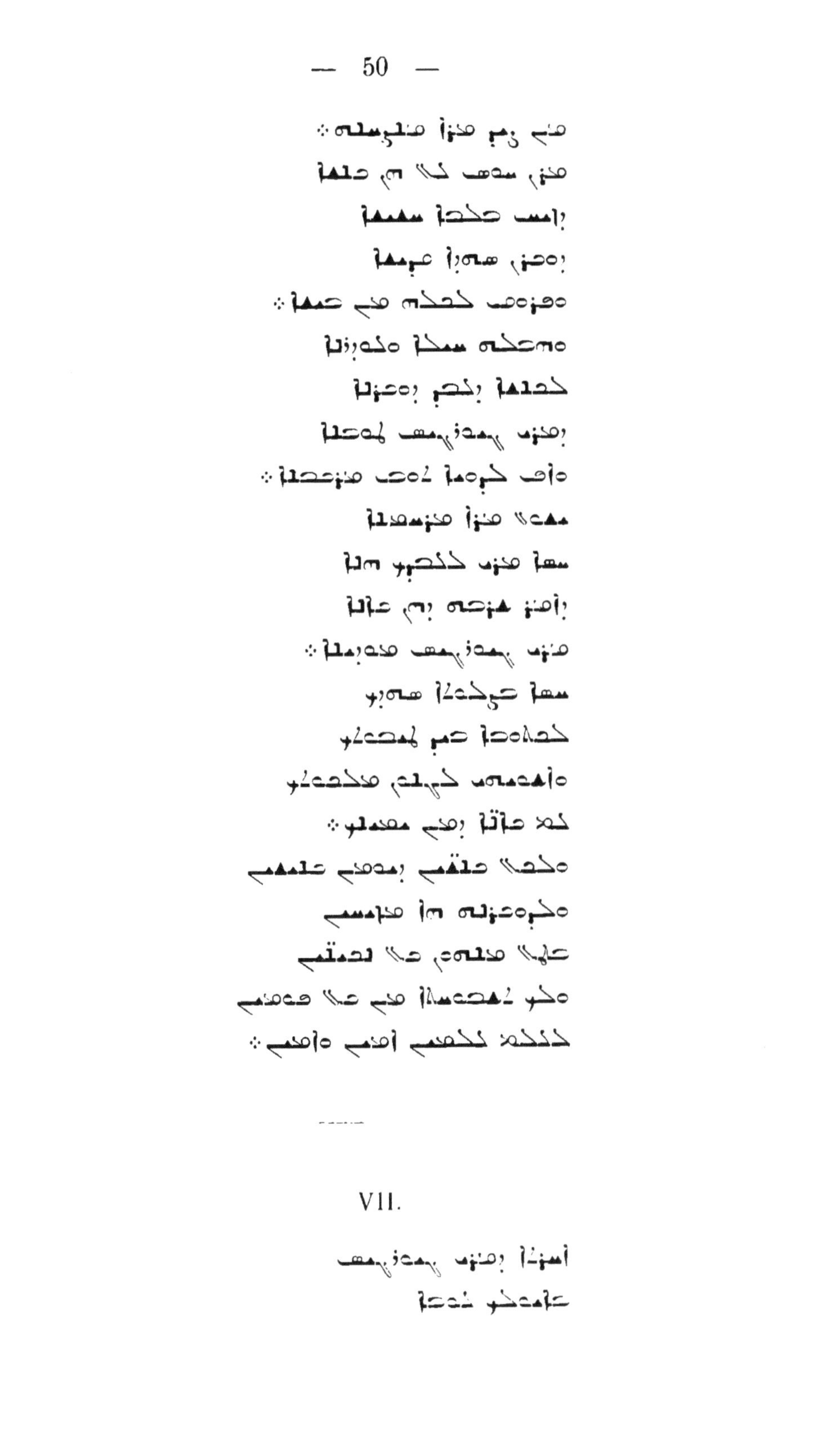

ܡܣܒ (1 ܠܡܟܬܒܐ ܐܣܪ ܟܣܝܩܐ

[Syriac verse text — 27 lines]

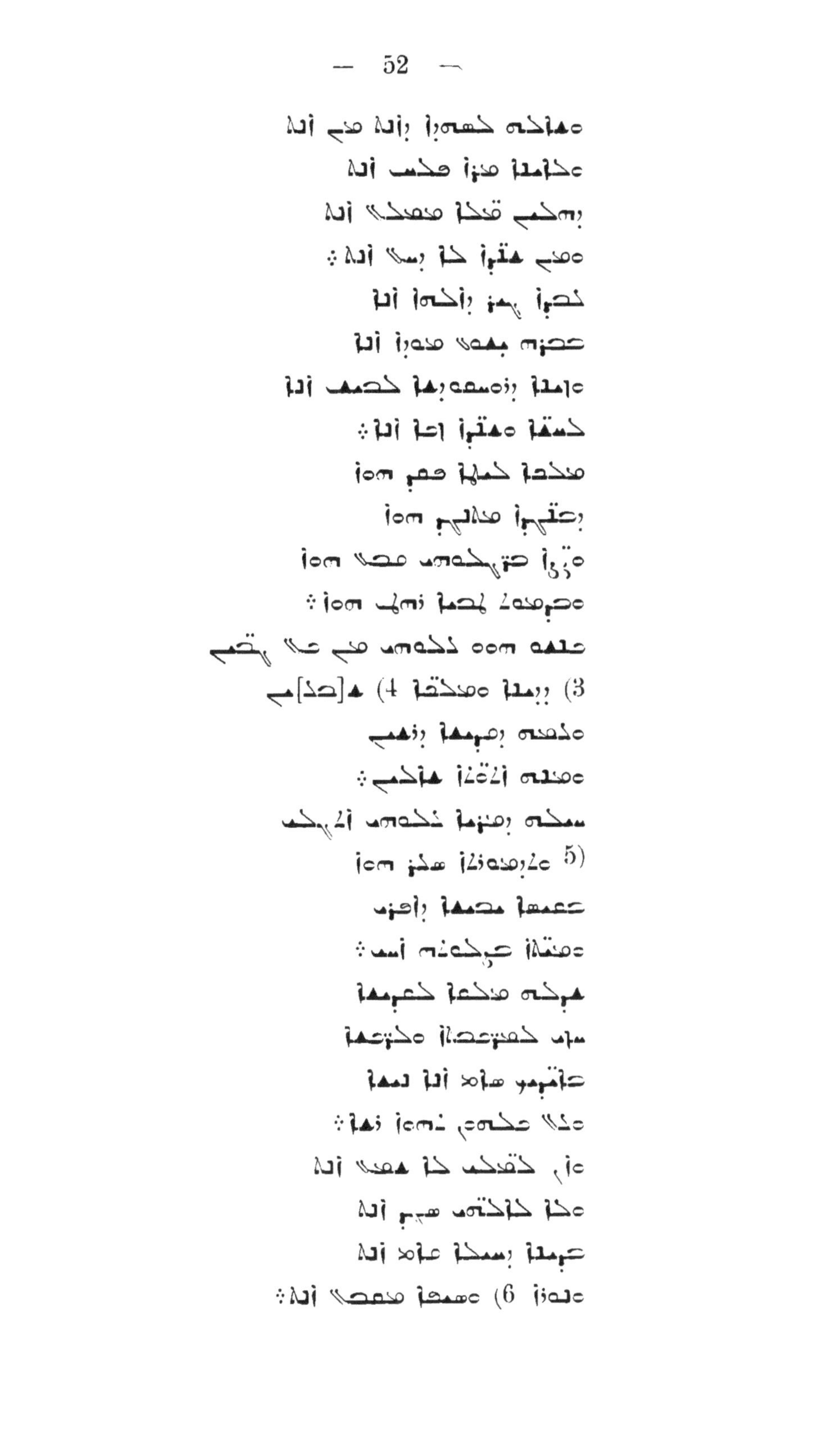

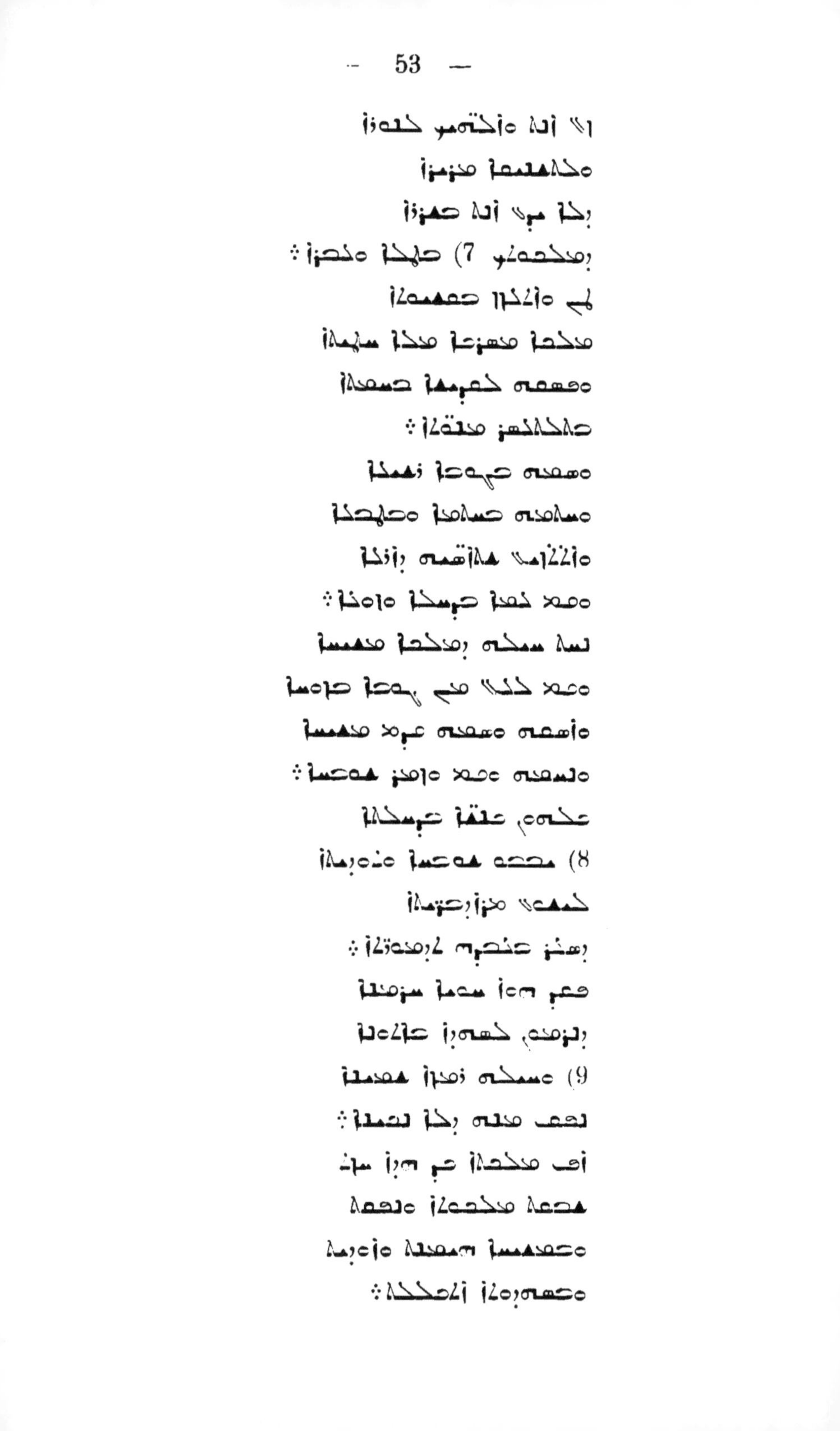

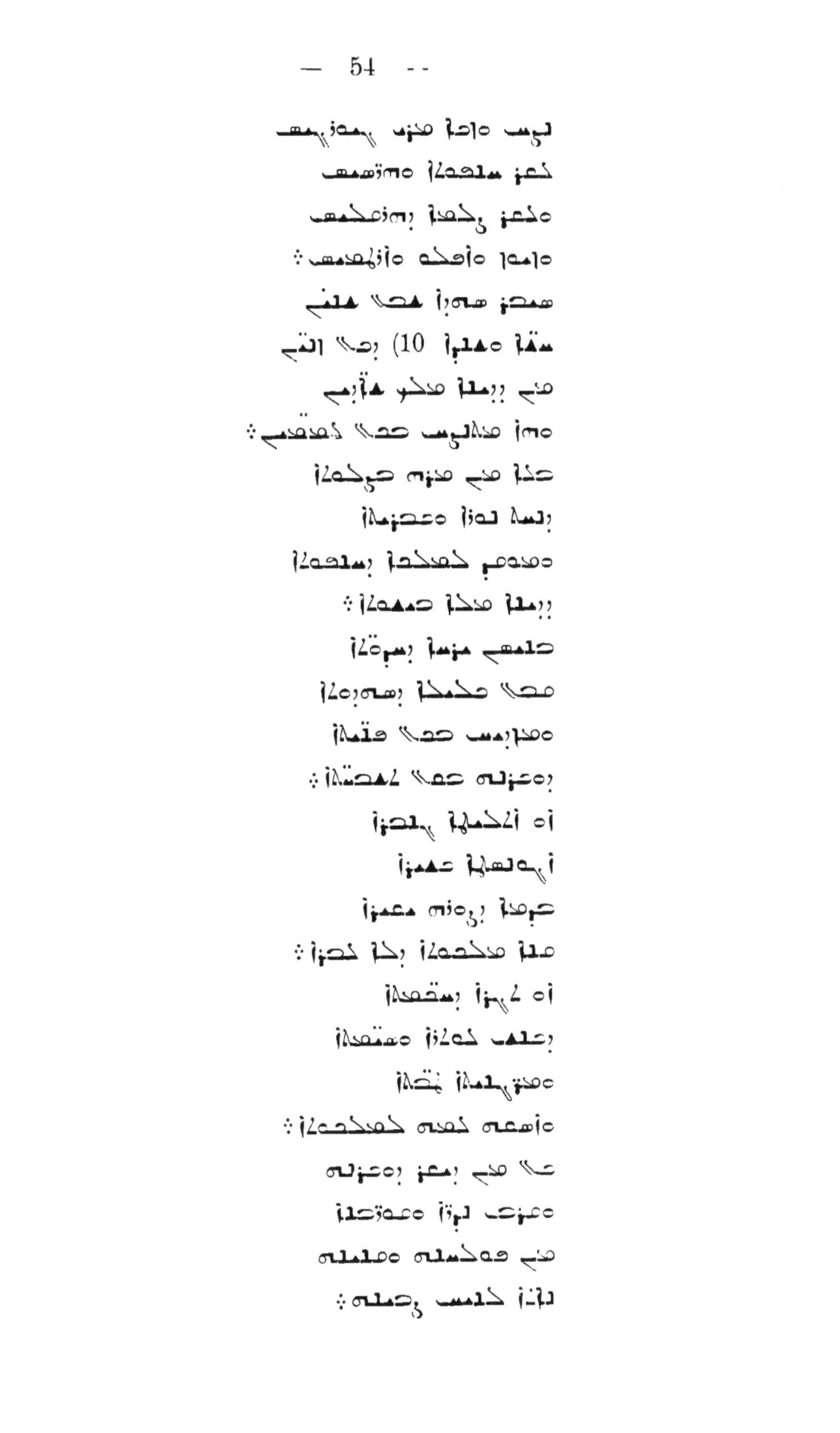

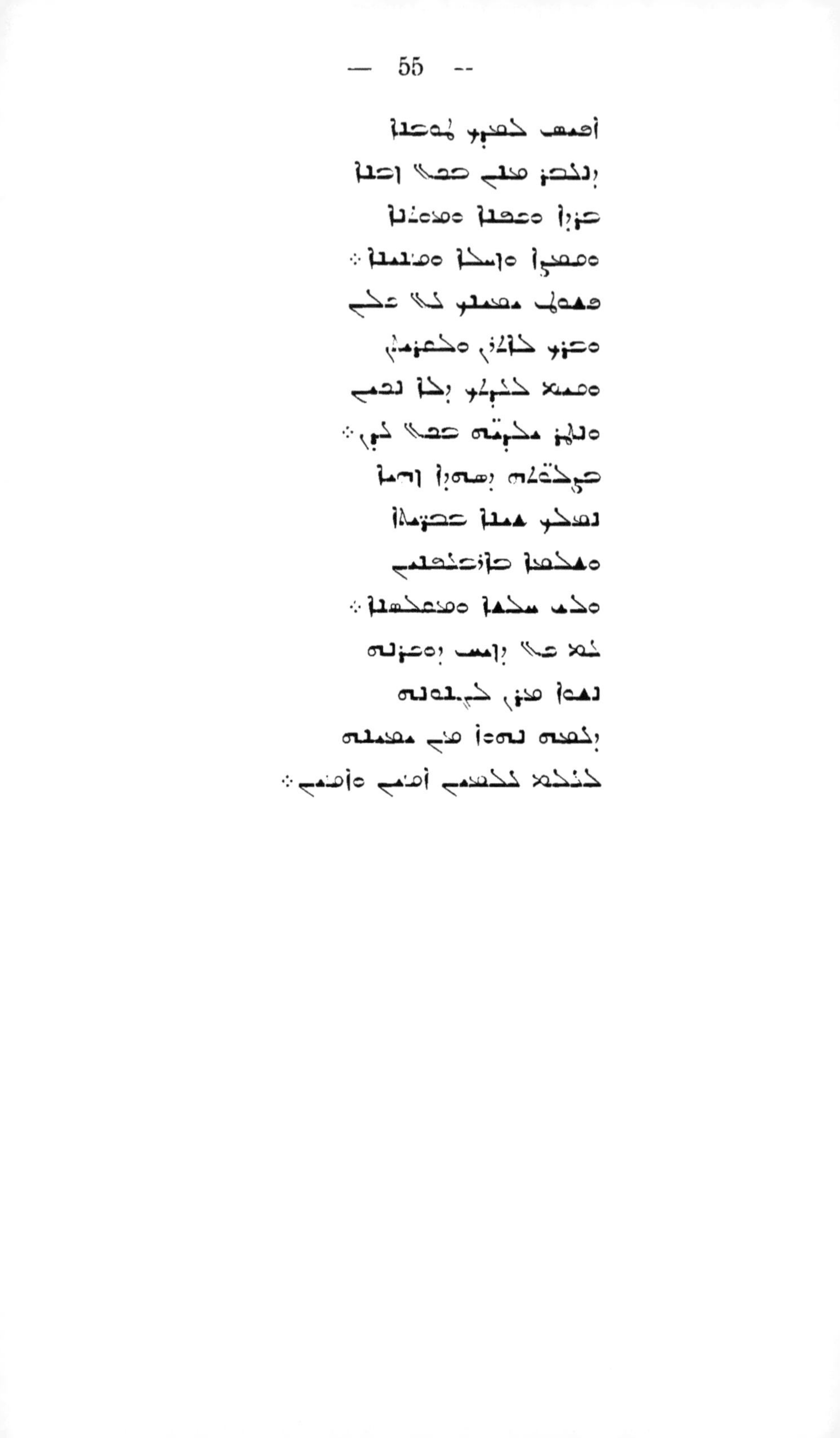